Poser les bonnes questions 2

PARLER AVEC LES CLIENTS DE LEUR ORIENTATION ET DE
LEUR IDENTITÉ SEXUELLES DANS
LES ÉTABLISSEMENTS DE SANTÉ
MENTALE, DE TRAITEMENT DE LA TOXICOMANIE ET
LES CABINETS DE COUNSELING

Première édition réalisée par
Angela M. Barbara, Gloria Chaim et Farzana Doctor

Révisée par
Angela M. Barbara et Farzana Doctor

Recherches menées et coordonnées par
Angela M. Barbara

camh

Centre for Addiction and Mental Health
Centre de toxicomanie et de santé mentale

Un Centre collaborateur de l'Organisation mondiale de la Santé et de l'Organisation
panaméricaine de la santé

Catalogage avant publication de la Bibliothèque nationale du Canada

Barbara, Angela M.

Poser les bonnes questions, 2 : parler avec les clients de leur orientation et de leur identité sexuelles dans les établissements de santé mentale, de traitement de la toxicomanie et les cabinets de counseling.

Angela M. Barbara, Farzana Doctor, Gloria Chaim.

Références bibliographiques incluses.

ISBN – 978-0-88868-538-4 (PRINT)
ISBN – 978-0-88868-539-1 (PDF)
ISBN – 978-0-88868-540-7 (HTML)

1. Orientation sexuelle. 2. Identité sexuelle. 3. Santé mentale.
4. Counseling. 5. Dépendants—Counseling.
I. Doctor, Farzana II. Chaim, Gloria, 1955-
III. Centre de toxicomanie et de santé mentale IV. Titre.

HQ1075.B356 14 2007   362.2'042560866   C2007-900453-9

Imprimé au Canada

Pour tout renseignement sur d'autres publications de CAMH ou pour passer une commande, veuillez vous adresser aux :

Services des publications

Tél. : 1 800 661-1111 ou 416 595-6059 à Toronto
Courriel : publications@camh.net

Site Web : www.camh.net

Ce manuel a été réalisé par :

Élaboration : Julia Greenbaum, CAMH

Rédaction : Sue McCluskey, CAMH

Conception graphique : Mara Korkola, CAMH

Traduction et révision : Odette Côté, A⁺ Translation,
   Patricia Drapeau, Traductions À la page, Evelyne Barthès, CAMH

Production : Christine Harris, CAMH

Commercialisation : Rosalicia Rondon, CAMH

2906/03-07 P170

Remerciements

Les auteurs souhaitent remercier les personnes suivantes, qui ont contribué à la réalisation du manuel original (*Poser les bonnes questions*) :

Région de Toronto

Christopher Hadden	John Gaylord
Jocelyn Urban	Adrienne Blenman
David Snoddy	Peter Sheridan
Lynne Green	Lyndsey Davies
Cherie Miller	Nelson Parker
Sharon McLeod	Anu Goodman
Dale Kuehl	Charlie Penzes
Meg Gibson	Isabela Herrmann
Craig Hamilton	Joanne Short
Mair Ellis	Joyce Conaty
Linda Cartain	Tammy Purdy
Anne Shaddick	Henry Seo
Helen Mcilroy	Jerry Schwalb
Greg Garrison	Rupert Raj
Susan Gapka	Amie Parikh

Région de London

Rév. Marcie Wexler	Richard Hudler
Scott Turton	D^{re} Cecilia Preyra
Stephanie Howard	Derek Scott

Région de Hamilton

Dr Andrew Gotowiec

Région d'Ottawa

Isabelle Arpin

Les auteurs souhaitent remercier les personnes suivantes, qui ont contribué à la réalisation du manuel révisé (*Poser les bonnes questions 2*) :

Région de Toronto

Nelson Parker	Terry McPhee
Valerie Gibson	Kyle Scanlon
Michele Clarke	Karyn Baker
Donna Akman	Dale Kuehl
Rupert Raj	Carole Baker
Hershel Tziporah Russell	

Région de London

Chris Williams	Mark Heathfield
Mary Jane Millar	Deb Selwyn
Cindy Smythe	Kim Trembly
Andrew Kicks	Mike Goulet
Cathy Cough	

Région de Sudbury

Kathryn Irwin-Seguin	Diane Sigouin
Angie DeMarco	

Région de Vancouver et Colombie-Britannique

Louise Chivers	Jessie Bowen

Région d'Ottawa

Ernie Gibbs

Région de Sault Ste. Marie

Nicole Hicks	Marc Bovine
Tammy Pajuluoma	

Les auteurs souhaitent également remercier les partenaires commu-nautaires qui ont participé à la réalisation du manuel révisé (*Poser les bonnes questions 2*) :

Région de Toronto
Sherbourne Health Centre
519 Community Centre
Family Service Association (programme de counseling David Kelley pour la
    communauté lesbienne, gaie et les personnes atteintes du VIH/sida)

Région de London
Association canadienne pour la santé mentale
HALO Community Centre

Région de Sudbury
Centre Iris de rétablissement pour femmes toxicomanes

Région d'Ottawa
Centre de santé communautaire du Centre-ville

Table des matières

Introduction

Ce manuel est une version révisée de *Poser les bonnes questions : parler de l'orientation et de l'identité sexuelles lors d'une évaluation liée aux problèmes d'alcoolisme et de toxicomanie*. Nous avons étoffé la précédente version pour inclure les problèmes de santé mentale dans les questions d'évaluation.

Les problèmes de toxicomanie et de santé mentale peuvent avoir un lien avec l'orientation ou l'identité sexuelles, et plus particulièrement

CE MANUEL EST DESTINÉ À L'ENSEMBLE DES THÉRAPEUTES, CONSEILLERS, AUTRES CLINICIENS ET MEMBRES DU CORPS INFIRMIER ET MÉDICAL QUI ÉVALUENT OU TRAITENT DES CLIENTS AUX PRISES AVEC DES PROBLÈMES DE TOXICOMANIE OU DE SANTÉ MENTALE, OU LES DEUX.

avec l'oppression sociale qui les accompagne. Pour fournir un traitement efficace, les thérapeutes et les conseillers doivent être conscients de ce lien.

Ce manuel aidera les thérapeutes et les conseillers à instaurer un climat de confiance dans lequel les clients gays, les clientes lesbiennes, les clients bisexuels, transgenderistes, transsexuels, bispirituels, intersexuels, et queers (LGBTTBIQ) pourront sans crainte affirmer leur identité. Grâce à cette confiance, les thérapeutes et conseillers pourront :
· évaluer au mieux les besoins spécifiques des clients LGBTTBIQ ;
· engager ces clients dans un processus de traitement positif ;
· élaborer des programmes de traitement personnalisés ;
· aiguiller ces clients vers les services les mieux adaptés.

POURQUOI CE MANUEL EST-IL IMPORTANT ?

De nombreux clients dissimulent leur orientation ou identité sexuelles lorsqu'ils fréquentent un établissement de counseling et de soins traditionnel. Ils se sentent mal à l'aise ou anxieux, craignant les réactions négatives ou les préjugés du personnel et des autres clients.

De nombreux cliniciens comprennent les problèmes d'orientation et d'identité sexuelles. Cependant, ils ne disposent pas toujours d'une liste de questions pertinentes à poser sur le sujet ou ils ignorent l'importance de poser ces questions aux clients des services de toxicomanie ou de santé mentale.

LGBTTBIQ est un acronyme fréquemment utilisé pour désigner les personnes et communautés lesbiennes, gaies, bisexuelles, transsexuelles, transgenderistes, bispirituelles, intersexuelles et queers. Cet acronyme peut être utilisé ou non dans une communauté particulière. Ainsi, dans certains milieux, l'acronyme LGBT (lesbiennes, gays, bisexuels et transgenderistes/transsexuels) peut être plus répandu. Nous avons choisi l'acronyme le plus long afin d'être aussi englobants que possible face à la diversité des communautés.

PARTENAIRE désigne l'être cher, l'amour de sa vie, la personne aimée. C'est souvent l'équivalent du terme « époux/épouse » pour les personnes LGBTTBIQ.

Les **MINORITÉS SEXUELLES** incluent les personnes qui s'identifient comme LGBTTBIQ.

Un **GAY** est un garçon ou un homme dont la principale orientation sexuelle est dirigée vers les autres garçons ou hommes.

Une **LESBIENNE** est une fille ou une femme dont la principale orientation sexuelle est dirigée vers les autres filles ou femmes.

Une personne **BISEXUELLE** est une personne dont l'orientation sexuelle est dirigée tant vers les hommes que vers les femmes.

Une personne **TRANSGENDERISTE** est une personne qui ne se conforme pas aux normes de la société en termes de sexe masculin ou féminin.

Une personne **TRANSSEXUELLE** est une personne qui a, parfois depuis longtemps, la conviction d'appartenir au sexe opposé à celui qui lui a été attribué à sa naissance. Ainsi, un **TRANSSEXUEL FÉMININ (TRANSHOMME)** est né avec un sexe féminin mais estime être un garçon ou un homme et s'identifie à un garçon ou à un homme (transsexuel). Un **TRANSSEXUEL MASCULIN (TRANSFEMME)** est né avec un sexe masculin mais estime être une fille ou une femme et s'identifie à une femme ou à une fille (transsexuelle).

TRANS ou **TRANSPERSONNE** sont des termes non cliniques couramment utilisés pour parler des transsexuels, transgenderistes, et des personnes d'autres identités sexuelles.

Certaines questions posées lors des évaluations traditionnelles peuvent être vexantes. Ainsi, si une question portant sur « votre partenaire » est construite en se référant au sexe opposé, elle peut embarrasser une personne LGBTTBIQ.

Les échelles et questions d'évaluation traditionnelles peuvent manquer de précision pour certains clients si les interprétations n'abordent pas les besoins spécifiques liés aux différentes orientations ou identités sexuelles.

Les outils d'évaluation traditionnels, tels que ceux utilisés par le gouvernement fédéral ou provincial, doivent être complétés par des questions axées sur les populations spécifiques afin de mieux évaluer les besoins des clients LGBTTBIQ et d'élaborer des programmes de traitement et de counseling adéquats.

RÉSULTATS DES DEUX PHASES DU PROJET *POSER LES BONNES QUESTIONS*—CONCLUSIONS GÉNÉRALES

Le Centre de toxicomanie et de santé mentale a mené un projet de recherche par le biais de ses Services arc-en-ciel (anciennement, LesBiGay), interrogeant les fournisseurs de services et les clients sur ce qu'il fallait ajouter au manuel d'origine, qui était axé sur la toxicomanie—phase appelée *Poser les bonnes questions*. D'autres recherches ont été menées afin de réviser et d'étoffer le manuel, de manière à y inclure également les problèmes de santé mentale—phase appelée *Poser les bonnes questions 2* (voir l'annexe pour une description détaillée des deux phases). Voici les conclusions générales des deux phases du projet :

Lors des évaluations, les thérapeutes et conseillers doivent poser des questions pertinentes et directes afin d'établir l'orientation et l'identité sexuelles de tous leurs clients.

Les personnes LGBTTBIQ présentent des facteurs de vie spécifiques, liés à des problèmes de toxicomanie ou de santé mentale. Ces facteurs comprennent :
· le processus d'affirmation de leur identité ;
· la transition sexuelle ;
· l'oppression sociale (p. ex., homophobie, biphobie, transphobie) ;
· la menace à sa sécurité socioéconomique (p. ex., logement, emploi) à cause de discrimination ;
· l'oppression intériorisée ;
· la perte du soutien familial ;
· l'isolement et l'exclusion ;
· la prédominance des bars dans les communautés LGBTTBIQ ;
· l'image corporelle ;
· la nécessité de « prétendre » ;
· le vieillissement ;
· l'incidence du VIH et du sida.

Il est très important de connaître l'orientation et l'identité sexuelles des clients pour fournir un traitement et un counseling efficaces. Cependant, de nombreux clients dissimulent leur orientation ou leur identité sexuelles lorsqu'ils fréquentent un établissement de traitement traditionnel. Ils se sentent mal à l'aise et anxieux ou craignent les réactions négatives ou les attitudes homophobes/biphobes/transphobes du personnel et des autres clients.

Plusieurs facteurs aident les clients à s'affirmer :
· un sentiment de sécurité ;
· le personnel et les autres clients qui ont des attitudes non critiques, non hétérosexistes ou non sensibles au genre ;
· la publicité d'un service dans les publications et les communautés LGBTTBIQ ;
· les autocollants et affiches à caractère positif pour les personnes LGBTTBIQ ;
· l'utilisation d'un langage sans préjugés et inclusif du masculin et du féminin ;
· la confidentialité ;
· un personnel qui a une bonne connaissance des problèmes particuliers aux personnes LGBTTBIQ.

Les facteurs suivants améliorent l'expérience des personnes LGBTTBIQ par rapport aux services qu'elles reçoivent :
· la disponibilité de programmes et services spécialisés ;
· la composition des groupes de traitement et de counseling en fonction de l'orientation et de l'identité sexuelles ;
· l'existence de politiques antidiscriminatoires ;
· la présence de documents positifs à l'égard des personnes LGBTTBIQ dans les salles d'attente ;
· des thérapeutes et conseillers qui ont une attitude positive envers les personnes LGBTTBIQ.

Les programmes spécialisés de traitement de la toxicomanie et les services spécialisés de counseling en santé mentale sont utiles et pertinents sur le plan clinique pour les personnes LGBTTBIQ. Cependant, les thérapeutes et conseillers ne doivent pas présumer que les clients LGBTTBIQ doivent être traités dans un établissement spécialisé. Ces clients préfèrent peut-être un programme spécialement conçu pour les personnes LGBTTBIQ, si possible, mais ils peuvent également préférer des services traditionnels (p. ex., des programmes généraux de traitement) ou des services spécialisés axés sur d'autres aspects de leur identité (p. ex., services pour les Autochtones, les personnes âgées, les femmes). Au Centre de toxicomanie et de santé mentale (CAMH), nous estimons que les services axés spécialement sur les personnes LGBTTBIQ sont nécessaires, mais nous mettons également tout en œuvre pour que ces personnes puissent être prises en charge par les services traditionnels.

BISPIRITUEL(LE) est un terme francophone utilisé par les Premières nations et les Autochtones pour désigner les personnes qui, dans leur culture, sont gays, lesbiennes, intersexuelles, transsexuelles, transgenderistes ou qui possèdent de multiples identités sexuelles.

INTERSEXUEL(LE) est le terme qui a récemment remplacé celui d'« hermaphrodite ». Les personnes intersexuelles possèdent certaines caractéristiques physiques sexuelles de la femme et de l'homme (voir aussi www.isna.org).

QUEER est un mot qui a traditionnellement été utilisé comme terme méprisant et offensant pour désigner les personnes LGBTTBIQ. De nombreuses personnes LGBTTBIQ ont revendiqué ce terme et l'utilisent pour désigner avec fierté leur identité.

L'**ORIENTATION SEXUELLE** désigne l'attirance affective, amoureuse ou sexuelle, le désir ou l'affection qu'une personne ressent envers une autre personne.

Le **GENDERISME** désigne la supposition que tout le monde doit se conformer aux normes de genre de la société, et surtout, à sa structure binaire (masculin et féminin). Le genderisme ne reconnaît pas ni ne permet l'intersexualité, le transgendérisme, la transsexualité et l'altersexualité (voir les pages 12 et 13 pour une discussion sur le genre).

Utilisation du manuel

QUE CONTIENT CE MANUEL ?

Ce manuel contient :
· le guide *Poser les bonnes questions 2*, à utiliser lors d'une évaluation standard en toxicomanie, santé mentale ou autre (pages 6 et 7) ;
· des renseignements généraux afin d'aider l'ensemble des thérapeutes, conseillers, autres cliniciens et membres du corps infirmier et médical à utiliser le guide *Poser les bonnes questions 2* (pages 8 à 37) ;
· des réponses aux questions fréquemment posées par les conseillers (pages 38 à 47) ;
· une liste de ressources pour les conseillers (pages 48 à 54) ;
· un glossaire des concepts utilisés dans ce manuel, afin d'aider les thérapeutes et conseillers à se familiariser avec les termes susceptibles d'être utilisés par les clients et les communautés LGBTTBIQ (pages 55 à 61).

UTILISER LE GUIDE *POSER LES BONNES QUESTIONS 2*

Le guide *Poser les bonnes questions 2* se divise en deux parties.

La **Partie A** est un formulaire d'évaluation d'une page qui doit être rempli par le client, en présence du thérapeute ou du conseiller, lors de l'entretien d'évaluation initial ou au début du processus de counseling. Ce document permet d'établir l'orientation et l'identité sexuelles du client et de poser des questions sur les problèmes connexes.

La **Partie B** contient un ensemble de huit questions ouvertes que le thérapeute ou conseiller posera pendant l'évaluation ou au début du processus de traitement ou de counseling. Ces questions permettent de déterminer les problèmes des clients LGBTTBIQ et de planifier leur traitement ou gestion de cas.

UTILISER LES RENSEIGNEMENTS GÉNÉRAUX

Pour chaque question, ce manuel fournit les renseignements généraux suivants :

· **Pertinence ou intention :** raisons pour lesquelles la question figure dans le guide. Vous pourrez poser clairement les questions de la Partie B et répondre aux clients qui s'interrogent sur leur pertinence si vous comprenez le bien-fondé de cette question.

· **Questions supplémentaires (Partie B seulement) :** questions que vous pourriez vouloir poser en plus des questions principales. Elles ne figurent pas dans le guide lui-même mais peuvent vous aider à mieux comprendre les réponses des clients. Nous n'avons pas créé de liste exhaustive de ces questions. Chaque thérapeute et conseiller a son style personnel et adaptera les questions en fonction de ses clients.

· **Perceptions de clients :** témoignages visant à fournir une vision complète des expériences et des problèmes des clients ayant participé aux entrevues et aux groupes de discussion.

· **Perceptions du thérapeute ou conseiller :** témoignages dans lesquels les thérapeutes et conseillers ayant participé à ce projet présentent leurs connaissances cliniques issues de leur travail avec des clients LGBTTBIQ ainsi que leur expérience découlant de l'utilisation du modèle ou de la première version de ce guide.

PARTIE A
À REMPLIR PAR LE CLIENT
LORS DE L'ENTREVUE D'ÉVALUATION
OU AU DÉBUT DU PROCESSUS DE COUNSELING

Nous vous invitons à répondre à ces qu[e]stions afin de mieux cerner vos besoins et [de] vous fournir les services qui vous convi[en]dront le mieux. Veuillez cocher toutes [les] réponses qui s'appliquent à votre situati[on]

1. Avez-vous en ce moment des fréquentations, des rapports sexuels ou une relation stable ? ☐ oui ☐ non

   Si oui... précisez si votre partenaire est ☐ une femme ☐ un homme   une personne ☐ intersexue[l] ☐ transsexuelle ☐ transgenderiste ☐ bispirituelle ☐ autre _____ ☐ préfère ne pas répondr[e]

   Depuis combien de temps cette relation dure-t-elle ? _____

   Quelle importance lui accordez-vous ? ☐ minime ☐ moyenne ☐ grande

   Si vous avez eu de précédentes relations, précisez si votre partenaire était ...

   ☐ une femme   ☐ un homme   une personne ☐ intersexuelle   ☐ transsexuelle

   ☐ transgenderiste   ☐ bispirituelle   ☐ autre _____ ☐ préfère ne pas répondre

2. Comment définiriez-vous votre orientation sexuelle ?

   ☐ hétéro/hétérosexuel(le)   ☐ lesbienne ☐ gay   ☐ femme ayant des relations sexuelles avec des femm[es]

   ☐ bisexuel(le)   ☐ homme ayant des relations sexuelles avec des hommes   ☐ queer

   ☐ transsensuel(le) (attirance envers les personnes transsexuelles ou transgenderistes)

   ☐ polysexuel(le)   ☐ bispirituel(le)   ☐ questionnement   ☐ asexué(e)   ☐ autosexuel(le)

   ☐ pas certain(e)   ☐ autre _____   ☐ préfère ne pas répondre

   Votre orientation sexuelle vous pose-t-elle des problèmes ou avez-vous déjà ressenti de la gêne à ce sujet ?
   ☐ pas du tout   ☐ un peu   ☐ parfois   ☐ souvent   ☐ pas certain(e)   ☐ préfère ne pas répon[dre]

3. Comment définiriez-vous votre identité sexuelle ?

   ☐ femme   ☐ homme   ☐ transsexuel(le)   ☐ transgenderiste   ☐ genderquee[r]

   ☐ bispirituel(le)   ☐ transsexuel féminin ☐ transsexuel masculin ☐ intersexuel(le)   ☐ pas certain[e]

   ☐ questionnement ☐ autre _____   ☐ préfère ne pas répondre

   Votre identité sexuelle vous pose-t-elle des problèmes ou avez-vous déjà ressenti de la gêne à ce sujet ?
   ☐ pas du tout   ☐ un peu   ☐ parfois   ☐ souvent   ☐ pas certain(e)   ☐ préfère ne pas répon[dre]

4. Votre présence ici (services de toxicomanie ou de santé mentale) pourrait-elle être liée à d'autres problèm[es]
   relatifs à votre orientation ou identité sexuelles ?
   ☐ pas du tout   ☐ un peu   ☐ dans une certaine mesure   ☐ beaucoup   ☐ pas certain(e)
   ☐ préfère ne pas répondre

   Commentaires du thérapeute :

Guide POSER LES BONNES QUESTIONS 2

1. Pouvez-vous me parler des problèmes particuliers que vous avez éprouvés à la suite d'une discrimination fondée sur votre orientation ou identité sexuelles ?

PARTIE B
DOIT ÊTRE ADMINISTRÉE PAR LE THÉRAPEUTE OU CONSEILLER LORS DE L'ENTREVUE D'ÉVALUATION OU AU DÉBUT DU PROCESSUS DE COUNSELING

2. Vers quel âge avez-vous réalisé pour la première fois que vous étiez _____ ? Qu'avez-vous ressenti après votre affirmation d'identité ou de transition sexuelles et comment ont réagi les autres ?

3. Parlez-vous ouvertement de votre orientation ou identité sexuelles ? Au travail ? À l'école ? À la maison ? Avec de nouvelles connaissances ?

4. Parlez-moi de votre famille. Dans quelle mesure votre orientation ou identité sexuelles a-t-elle influencé vos relations avec votre famille ? Recevez-vous un soutien de votre famille ?

5. Quel est votre degré d'engagement dans les communautés lesbiennes, gaies, bisexuelles, transsexuelles, transgenderistes, bispirituelles, intersexuelles ou queers (LGBTTBIQ) ?

6. Avez-vous des problèmes d'image corporelle ? Craignez-vous de vieillir ? Ressentez-vous les pressions relatives à l'image corporelle et au vieillissement qui existent dans les communautés lesbiennes, gaies, bisexuelles, transsexuelles, transgenderistes, bispirituelles, intersexuelles ou queers (LGBTTBIQ) ?

7. Le VIH (virus de l'immunodéficience humaine) inquiète beaucoup de personnes. Vous sentez-vous concerné ?

8. Consommez-vous de l'alcool ou de la drogue pour composer avec un problème que nous avons abordé ? Vos problèmes de santé mentale sont-ils liés à une question que nous avons évoquée ?

☐ pas du tout ☐ un peu ☐ dans une certaine mesure ☐ beaucoup

Si oui… en quoi ?

Renseignements généraux

Partie A

LA PARTIE A DOIT ÊTRE ADMINISTRÉE À TOUS LES CLIENTS LORS DE L'ENTREVUE D'ÉVALUATION

PERCEPTIONS DE CLIENTS

« Le thérapeute devrait demander : 'Entretenez-vous en ce moment une relation stable ?' Si le client répond 'oui', il doit demander ensuite : 'est-ce une relation hétérosexuelle ou homosexuelle ?' La question doit être directe. Elle ne doit pas sembler problématique. Ne demandez pas de quel type de relation il s'agit. J'aurais l'impression d'être jugé. La situation doit être présentée comme normale. Il faut rendre la chose neutre. Le thérapeute doit également poser des questions sur l'identité et pas seulement sur les relations, parce que je pourrais avoir une relation avec une femme tout en étant gay, ce qui pourrait expliquer mon problème d'alcool. Qu'une personne demande si je suis gay est la meilleure chose qui puisse m'arriver. »

PERCEPTIONS DE THÉRAPEUTES OU DE CONSEILLERS

« Je pose la question. Je suis vraiment directe. Il est important d'employer un langage inclusif du masculin et du féminin, par exemple, 'partenaire', qu'il s'agisse d'un homme ou d'une femme. Je ne tourne pas autour du pot. »

PERTINENCE OU INTENTION

Les questions permettent d'inciter les clients à parler de leur orientation et identité sexuelles. Elles vous éviteront de formuler des hypothèses inexactes et vous aideront à cerner les clients LGBT-TBIQ pour lesquels la Partie B sera pertinente.

Votre degré de confort avec ces questions affectera celui de votre client. Posez vos questions de manière neutre et directe, comme vous le feriez pour toute autre question.

Il est important que le client sente que vous faites preuve d'ouverture et d'acceptation à l'égard de ses réponses.

À CAMH, nous proposons aux clients de répondre eux-mêmes à la Partie A. Le thérapeute ou conseiller présente cette partie en expliquant son utilité et en disant, par exemple, « nous souhaiterions que vous remplissiez ce formulaire pour nous permettre de mieux comprendre votre situation », « nous savons qu'il existe différentes orientations et identités sexuelles et nous souhaiterions donc vous demander les renseignements suivants » ou « nous demandons à tous les clients de remplir ce document lors de l'évaluation ».

Les thérapeutes et conseillers doivent demander au client de cocher toutes les réponses qu'il souhaite et qui s'appliquent à sa situation.

RELATION D'IMPORTANCE

Avez-vous en ce moment des fréquentations, des rapports sexuels ou une relation stable ? ☐ oui ☐ non

Si oui… précisez si votre partenaire est… ☐ une femme ☐ un homme une personne ☐ intersexuelle
☐ transsexuelle ☐ transgenderiste ☐ bispirituelle ☐ autre _____ ☐ préfère ne pas répondre

Depuis combien de temps cette relation dure-t-elle ? _____

Quelle importance lui accordez-vous ? ☐ minime ☐ moyenne ☐ grande

Si vous avez eu de précédentes relations, précisez si votre partenaire était… ☐ une femme ☐ un homme
une personne… ☐ intersexuelle ☐ transsexuelle ☐ transgenderiste ☐ bispirituelle
☐ autre _____ ☐ préfère ne pas répondre

PERTINENCE OU INTENTION

Dans notre société, les relations entre personnes du même sexe ne sont pas acceptées de la même manière que la plupart des relations hétérosexuelles. Par conséquent, les clients peuvent se sentir gênés de parler ouvertement de leur relation ou du sexe de leur partenaire. Cette question fera comprendre au client que le thérapeute, le conseiller ou son organisme reconnaît, nomme et valide les relations entre partenaires de même sexe, y compris les partenaires transgenderistes, transsexuels et intersexuels.

La diversité et la différence liées au sexe sont également stigmatisées dans notre société. Les clients ayant un partenaire transgenderiste, transsexuel ou intersexuel peuvent se sentir plus à l'aise de parler de l'identité sexuelle de cette personne si on leur pose directement et respectueusement la question.

Les relations d'importance ne correspondent pas toujours à l'orientation sexuelle ni au comportement sexuel. Ainsi, un client peut s'être engagé dans un mariage hétérosexuel tout en vivant une relation extraconjugale avec un partenaire de même sexe.

Les questions reconnaissent et valident aussi les relations multiples et non monogames sur lesquelles notre société émet beaucoup de préjugés. Il faut poser les questions d'une façon et sur un ton qui ne privilégient pas les relations monogames au détriment des relations polygames, des partenaires multiples et d'autres formes de relations intimes.

Même si les personnes LGBTTBIQ peuvent être confrontées à des facteurs relationnels spécifiques (p. ex., invisibilité d'un partenaire de même sexe ou transsexuel, non-acceptation des partenaires par la famille, absence de lieux pour parler des dynamiques relationnelles et des fréquentations), les thérapeutes et conseillers doivent savoir que ces personnes vivent les mêmes problèmes relationnels que les personnes hétérosexuelles (p. ex., violence familiale ou conjugale, deuil du partenaire, ruptures amoureuses, problèmes interpersonnels et rôle parental).

CES QUESTIONS VISENT À NOMMER ET À VALIDER TOUTES LES RELATIONS.

PERCEPTIONS DE CLIENTS

« Lorsque je me suis rendue à [l'organisme de traitement de la toxicomanie], l'infirmière m'a demandé : 'Quel est le nom de votre époux ?' Je lui ai répondu : 'je n'ai pas de mari.' Elle a donc dit : 'D'accord, est-ce votre petit ami ?' Je lui ai répondu : 'je vis avec quelqu'un.' Elle m'a demandé : 'Comment s'appelle-t-il ?' Toutes ces questions étaient si embarrassantes. Personnellement, je n'en fais pas toute une histoire. Alors je lui ai simplement répondu : 'Elle s'appelle [prénom]'. Vous auriez dû voir l'expression sur son visage ! Après ça, vous vous sentez gênée pendant tout le reste de l'entretien. »

PERCEPTIONS DE THÉRAPEUTES OU DE CONSEILLERS

« Les thérapeutes doivent clairement montrer aux clients qu'ils acceptent totalement les couples de même sexe. Nous devons être inclusifs avec les clients qui vivent ou ont vécu une relation avec des hommes ou des femmes transgenderistes. »

« Nos questions sur les relations ne portent pas sur un sexe spécifique : 'votre partenaire est-il un homme ou une femme ?' J'ai vu le visage de certaines femmes s'illuminer en entendant cette question. Elles comprennent qu'ici les lesbiennes sont bien acceptées. »

ORIENTATION SEXUELLE

Comment définiriez-vous votre orientation sexuelle ?

☐ hétéro/hétérosexuel(le) ☐ lesbienne ☐ gay
☐ femme ayant des relations sexuelles avec des femmes ☐ bisexuel(le)
☐ homme ayant des relations sexuelles avec des hommes ☐ queer
☐ transsensuel(le) (attirance envers les personnes transsexuelles ou transgenderistes)
☐ polysexuel(le) ☐ bispirituel(le) ☐ questionnement
☐ asexué(e) ☐ autosexuel(le) ☐ pas certain(e)
☐ autres _____ ☐ préfère ne pas répondre

Votre orientation sexuelle vous pose-t-elle des problèmes ou avez-vous déjà ressenti de la gêne à ce sujet ?

☐ pas du tout ☐ un peu ☐ parfois ☐ souvent ☐ pas certain(e) ☐ préfère ne pas répondre

IL FAUT TOUJOURS POSER
DES QUESTIONS SUR L'ORIENTATION
SEXUELLE, PEU IMPORTE LE STATUT RELATIONNEL.

PERCEPTIONS DE CLIENTS

« Bien que je pense que l'orientation sexuelle ne soit qu'un petit aspect d'une personne, elle peut tenir énormément de place dans sa vie et jouer un rôle très important dans la thérapie, parce que c'est au cours de ses relations qu'on apprend à se connaître. Pendant votre thérapie, vous continuez à avoir des relations qui influencent cette thérapie. Vous ne pouvez pas consulter un psychiatre et lui cacher que vous êtes gay, si vous l'êtes. Il doit exister un échange ouvert. »

« Sur les formulaires démographiques, pouvons-nous choisir toutes les réponses qui s'appliquent à notre situation ? Je me définis toujours comme bisexuelle et queer alors que je suis mariée à un homme. Par conséquent, il peut être intéressant d'avoir cette possibilité lors d'un processus d'évaluation et de counseling. »

PERTINENCE OU INTENTION

Ces questions permettent d'inclure les termes les plus employés par les clients pour définir leur orientation sexuelle. La liste n'est pas exhaustive et les clients peuvent définir autrement leur orientation sexuelle. Ces questions permettent également d'identifier les clients en phase de questionnement ou en difficulté par rapport à leur orientation sexuelle. Les clients peuvent cocher plusieurs réponses.

Les relations d'importance (et les comportements sexuels) se distinguent de l'orientation sexuelle, et l'un ne permet pas forcément ou constamment de prédire l'autre. Les questions sur l'orientation sexuelle doivent toujours être posées, quel que soit le statut relationnel. Par exemple, une femme peut affirmer n'avoir des relations qu'avec des hommes mais se définir comme bisexuelle ou un homme peut être marié à une femme et se définir comme gay.

Pour certaines personnes, l'orientation sexuelle est continue et fixe tout au long de leur vie. Pour d'autres, elle peut être indéterminée et changer au fil du temps.

Il existe un vaste éventail d'orientations sexuelles. L'une des manières de considérer l'orientation sexuelle est de la voir comme un continuum indéterminé, allant de l'attirance exclusive pour les personnes de même sexe à l'attirance exclusive pour les personnes de sexe opposé, avec de nombreux points entre les deux.

Exclusivement Straight Hétéro/hétérosexuel(le)	Bisexuel(le) Polysexuel(le)	Exclusivement Lesbienne Gay

Il est important de souligner que toutes les personnes qui se définissent sous la même orientation sexuelle ne se situent pas au même point du continuum. Ainsi, une personne bisexuelle peut se placer directement au milieu du continuum, alors qu'une autre peut s'éloigner du milieu pour se rapprocher de l'une de ses extrémités.

Lorsque les personnes explorent leur orientation sexuelle, elles peuvent essayer de trouver leur place dans le continuum. Les cliniciens sont invités à réfléchir à leur propre orientation sexuelle afin de mieux connaître leurs sentiments et préjugés à cet égard. Les sentiments et les préjugés personnels d'un clinicien peuvent favoriser ou entraver le dialogue sur l'orientation sexuelle avec les clients.

Parfois, les personnes issues de communautés raciales et ethnoculturelles marginalisées refusent de se définir ou de s'identifier sous des étiquettes qu'elles associent aux communautés LGBTTBIQ majoritairement blanches (et souvent racistes). Par exemple, une femme de couleur peut préférer « femme qui aime les femmes » à « lesbienne ». Toutefois, cet exemple ne s'applique pas forcément à toutes les femmes de couleur.

PERCEPTIONS DE THÉRAPEUTES OU DE CONSEILLERS

« Permettez au client de se définir comme gay, hétéro, etc. N'ayez pas peur de poser une question sur l'orientation sexuelle à un client hétéro. Utilisez un préambule comme 'Nous savons qu'il existe de multiples manières de vivre et nous les acceptons...' Présentez les questions de manière à ce que tous les clients puissent y répondre avec franchise. »

A2

La **POLYSEXUALITÉ** est une orientation qui ne limite pas l'attirance sexuelle, amoureuse ou affective à un seul sexe, et qui reconnaît l'existence de plus de deux genres.

Une personne qui se définit comme **ASEXUÉE** peut ne pas entretenir de relations sexuelles ou amoureuses, ou ne pas être attirée sexuellement ou amoureusement vers d'autres personnes.

Une personne **AUTOSEXUELLE** est quelqu'un dont la principale implication sexuelle est avec elle-même ou avec une personne qui préfère la masturbation à une relation sexuelle avec un partenaire.

Le comportement sexuel se distingue de l'orientation sexuelle. Ces concepts ne doivent pas être utilisés indifféremment. C'est pourquoi nous avons inclus les expressions **HOMME AYANT DES RELATIONS SEXUELLES AVEC DES HOMMES** et **FEMME AYANT DES RELATIONS SEXUELLES AVEC DES FEMMES**.

Une personne **TRANSSENSUELLE** est une personne dont l'attirance sexuelle ou romantique est dirigée tant vers les personnes transgenderistes que transsexuelles.

IDENTITÉ SEXUELLE

Comment définiriez-vous votre identité sexuelle ?

☐ femme   ☐ homme   ☐ transsexuel(le)   ☐ transgenderiste   ☐ genderqueer   ☐ bispirituel(le)

☐ transsexuel féminin   ☐ transsexuel masculin   ☐ intersexuel(le)   ☐ pas certain(e)

☐ questionnement   ☐ autre _____   ☐ préfère ne pas répondre

Votre identité sexuelle vous pose-t-elle des problèmes ou avez-vous déjà ressenti de la gêne à ce sujet ?

☐ pas du tout   ☐ un peu   ☐ parfois   ☐ souvent   ☐ pas certain(e)   ☐ préfère ne pas répondre

L'IDENTITÉ SEXUELLE
SE DISTINGUE DE L'ORIENTATION SEXUELLE.

PERCEPTIONS DE CLIENTS

« Parfois, les gens ont des idées très précises lorsqu'il s'agit de savoir qui est gay, qui est hétéro et ce que devrait être l'orientation sexuelle d'une véritable personne transsexuelle. C'est un gros problème. Je me rappelle avoir été ébahi en entendant que ma bisexualité ou mon identité de queer n'était pas commune pour un transhomme, ce à quoi j'ai répondu : 'En fait, ce n'est pas vrai ; beaucoup de personnes de la communauté des transsexuels féminins sont bisexuelles, queers ou assimilées gays.' Et à moins que des conseillers n'abordent cette question avec vous, ils ne le sauront pas. »

« Chacun vit sa transsexualité différemment. Certaines personnes ont des sentiments plus intenses et plus dysphoriques, ce qui signifie qu'elles sont vraiment en conflit avec leur sexe. D'autres savent exactement où elles en sont. »

« Dans les collectivités autochtones, on nous respecte. Ce n'est pas comme dans la société des blancs, où l'on me considère comme un déchet, un monstre et d'autres choses pire encore. Lorsque les Autochtones me rencontrent, la plupart se plieront en quatre pour moi en raison de mon caractère spécial. Une personne bispirituelle est un être supérieur qui est censé posséder une plus grande sagesse. »

PERTINENCE OU INTENTION

Cette question encourage les clients à révéler leur identité sexuelle et les problèmes qui l'entourent. En matière de sexe, les réponses traditionnelles telles que « homme ou femme » n'incluent pas les personnes transgenderistes, transsexuelles, intersexuelles, etc. Cette question incite les personnes à parler ouvertement de leur identité sexuelle.

L'identité sexuelle se distingue de l'orientation sexuelle. Indépendamment du sexe (masculin ou féminin), une personne peut se définir comme hétérosexuelle, gay, bisexuelle ou selon toute autre orientation sexuelle.

Si les clients sont perplexes face à cette question, expliquez-leur que, chez certaines personnes, le sexe biologique ne correspond pas à ce qu'elles pensent être intérieurement. Ainsi, certaines personnes qui sont nées hommes d'un point de vue biologique peuvent se sentir femmes.

Il peut exister de nombreux sexes autres qu'homme et femme. L'une des manières d'envisager l'identité sexuelle est de la considérer comme un continuum indéterminé, allant du plus masculin au plus féminin.

Masculin	Androgène (identité masculine ou féminine non évidente) Variante sexuelle Non-conformité sexuelle	Féminin

Les personnes transgenderistes et transsexuelles couvrent le spectre complet du continuum, depuis la personne très « hommasse » (masculine) à celle très féminine. Par exemple, une transsexuelle peut être aussi féminine qu'une femme biologique et un gay transsexuel peut être moins masculin qu'une lesbienne hommasse.

Lorsque les personnes explorent leur identité sexuelle, elles peuvent décider où elles se situent dans ce continuum. D'autres (p. ex., quelqu'un s'identifiant comme genderqueer) peuvent rejeter en bloc le continuum et les types de sexe.

Les cliniciens sont invités à réfléchir à leur propre identité sexuelle afin de prendre conscience de leurs sentiments et des préjugés à cet égard. Les sentiments et les préjugés personnels d'un clinicien peuvent favoriser ou entraver le dialogue sur l'identité sexuelle avec les clients.

L'identité sexuelle s'exprime parfois différemment selon le contexte en raison des rôles sociaux et des expériences qui nous obligent ou nous encouragent à exprimer plus ou moins ouvertement notre identité. Certaines personnes peuvent, par exemple, se sentir obligées d'exprimer leur identité sexuelle d'une certaine façon en milieu de travail et d'une autre façon à la maison.

Parfois, les personnes de communautés raciales ou ethnoculturelles peuvent définir autrement leur identité sexuelle. Par exemple, certains transsexuels masculins d'autres cultures peuvent s'identifier comme des « lady boys » (femmes-garçons) ou « she-males » (femâles).

PERCEPTIONS DE THÉRAPEUTES OU DE CONSEILLERS

« En tant que thérapeute, je ne veux pas formuler d'hypothèses sur la manière dont quelqu'un définit son sexe. Les personnes qui sont transsexuelles ou qui se définissent comme transgenderistes se sentent probablement un peu rejetées par ces hypothèses. »

L'**IDENTITÉ SEXUELLE**, qui ne correspond pas toujours au sexe biologique, est l'image de soi-même ou la conviction intime d'une personne de sa nature masculine ou féminine. Par exemple, certaines personnes nées hommes d'un point de vue biologique peuvent se sentir femmes.

Les **RÔLES SEXUELS** sont des règles arbitraires, édictées par la société, qui définissent quels vêtements, comportements, idées, sentiments, relations, etc. sont appropriés ou inappropriés pour les membres de chaque sexe.

La **TRANSITION SEXUELLE** (changement de sexe) est la période pendant laquelle les personnes transsexuelles commencent à changer leur apparence et leur corps afin de les faire correspondre à leur identité intérieure.

A3

A4

**LIENS ENTRE L'ORIENTATION ET L'IDENTITÉ SEXUELLES,
ET LA TOXICOMANIE ET LA SANTÉ MENTALE**
Votre présence ici (services de toxicomanie ou de santé mentale) pourrait-elle être liée à d'autres problèmes
relatifs à votre orientation ou identité sexuelles ?
☐ pas du tout ☐ un peu ☐ dans une certaine mesure ☐ beaucoup ☐ pas certain(e) ☐ préfère ne pas répondre

LES PERSONNES LGBTTBIQ PRÉSENTENT DES FACTEURS DE VIE SPÉCIFIQUES QUI SONT LIÉS À DES PROBLÈMES DE TOXICOMANIE ET DE SANTÉ MENTALE.

PERTINENCE OU INTENTION

Les personnes LGBTTBIQ présentent des facteurs de vie spécifiques qui sont liés à des problèmes de toxicomanie et de santé mentale.

PERCEPTIONS DE CLIENTS

« En ce qui concerne le système de santé mentale et les personnes transsexuelles, l'idée est que dès que vous aurez changé de sexe, vous ne serez plus déprimé. Mais si après votre « transition » vous restez déprimé, vous avez peur que les médecins supposent que le changement de sexe n'était pas une bonne chose et que vous avez commis une erreur. Mais je dis que dans notre société, on a honte d'être transsexuel, de ne pas prétendre, d'être perçu comme une erreur de la nature. Est-ce que nous ne sommes pas censés ressentir cette oppression ? Sommes-nous censés, d'une manière ou d'une autre, simplement faire le dos rond et ne pas être touchés par tout cela ? Certains médecins ne voient qu'un problème de transition médicale. Ils ne comprennent pas toutes les implications sociales de ce que nous traversons et la manière dont cela nous touche. »

L'orientation sexuelle et l'identité sexuelle ne sont pas intrinsèquement liées à une plus grande prédisposition aux problèmes de toxicomanie et de santé mentale. Cependant, toute angoisse, inquiétude ou incertitude par rapport à l'orientation sexuelle ou à l'identité sexuelle peut être liée à la toxicomanie, à l'alcoolisme et aux comportements autodestructeurs ou suicidaires.

L'angoisse, les préjugés et la discrimination liés à l'orientation sexuelle ou à l'identité sexuelle créent un environnement social stressant qui peut engendrer des problèmes de santé mentale chez les personnes LGBTTBIQ (Meyer, 2003).

Le système psychiatrique a souvent lié les problèmes d'homosexualité et d'identité sexuelle à la maladie mentale, ce qui peut perturber les clients. Les cliniciens doivent veiller à ne pas considérer ces problèmes comme des pathologies, ni sous-entendre l'existence d'un lien pathologique entre les problèmes de toxicomanie ou de santé mentale des clients et leur identité.

PERCEPTIONS DE CLIENTS

« C'est comme si vous deviez vous battre contre deux choses au lieu d'une seule. Vous luttez contre la maladie mentale et vous devez faire face à votre orientation sexuelle. Cela paraît doublement difficile. »

PERCEPTIONS DE THÉRAPEUTES OU DE CONSEILLERS

« L'oppression nuit à la santé des gens. »

« La manière dont l'identité d'un client est prise en compte joue sur ses autres problèmes : dépression, estime de soi, toxicomanie. »

A4

Renseignements généraux

Partie B

LA PARTIE B DEVRAIT SERVIR DE GUIDE POUR LE DIALOGUE.

Elle doit être administrée aux clients qui se définissent comme :
· lesbienne, gay, bisexuel, bispirituel, « homme ayant des relations sexuelles avec des hommes », « femme ayant des relations sexuelles avec des femmes », queer, transsensuel, polysexuel, personne en phase de questionnement ou d'incertitude ;

OU
· transsexuel, transgenderiste, transsexuel féminin, transsexuel masculin, genderqueer ou intersexuel.

La Partie B peut également être pertinente pour les clients qui :
· entretiennent ou ont entretenu des relations avec des personnes de même sexe ;
· font état de problèmes, d'un questionnement ou d'un malaise par rapport à leur orientation ou identité sexuelles.

Nous recommandons d'administrer la Partie B lors de l'évaluation réalisée par la personne qui conseillera le client ou, si c'est un autre thérapeute ou conseiller qui dirige l'évaluation, lors de la première ou deuxième consultation (début du processus de counseling ou de traitement). Cependant, la Partie B peut également être utilisée en partie ou en totalité à tout moment durant la thérapie.

La Partie B vise à recueillir des renseignements sur les clients. **Elle doit être considérée comme un guide pour le dialogue.** Les renseignements recueillis doivent servir à élaborer un programme de traitement ou de counseling pour votre client. Par exemple, si une personne établit qu'elle a des problèmes d'oppression intériorisée, vous souhaiterez vous assurer que sa thérapie individuelle ou de groupe permet d'aborder et de résoudre ces problèmes.

Les clients sont plus enclins à répondre aux questions si celles-ci sont posées de manière directe et non conflictuelle. Vous pouvez simplement lire à voix haute la question figurant sur la page ou la reformuler, selon le cas.

PERCEPTIONS DE CLIENTS

« L'évaluation s'est très bien passée pour moi, parce que j'ai compris qu'il ne s'agissait pas simplement d'une question de sexualité, mais que certains problèmes vécus par les lesbiennes et les gays pouvaient influencer leur toxicomanie ou être vécus différemment. »

« Si je cachais quelque chose et que j'hésitais à en parler, je me sentirais déjà un peu plus à l'aise en entendant la personne m'interroger sur le sujet. Je commencerais à réfléchir, en me disant : 'Tiens, peut-être pas aujourd'hui, mais peut-être la prochaine fois, je pourrai parler de ça.' »

Les questions de la Partie B permettent d'identifier les problèmes auxquels peuvent faire face les clients LGBTTBIQ. Ces questions sont ouvertes afin d'encourager les clients à fournir spontanément les renseignements dont ils ne comprendraient pas toute l'importance.

Certaines questions peuvent sembler redondantes. Il n'est pas forcément nécessaire de les poser toutes. Cependant, en le faisant, vous donnez au client la possibilité de parler de tous les problèmes pertinents.

Le contenu des questions et la sensibilité du thérapeute ou conseiller sont très importants. L'ordre des questions et leur énoncé exact le sont moins. La Partie B doit servir de guide pour vous permettre de comprendre les problèmes spécifiques de toxicomanie ou de santé mentale que vivent vos clients LGBTTBIQ.

Validez avec eux les problèmes qu'ils évoquent. Rappelez-vous que les personnes marginalisées subissent un stress pénible et parfois traumatisant.

PERCEPTIONS DE THÉRAPEUTES OU DE CONSEILLERS

« Parce qu'ils ne se sentent pas en sécurité, [les clients] ne diront jamais, 'Oui, je suis gay ou lesbienne.' Ils sont donc placés dans le groupe général. Et quand je les revois quatre ans plus tard, ils me disent, 'je suis allé ici et là, mais ça n'a pas marché pour moi parce que je n'ai jamais pu résoudre les problèmes liés à l'affirmation de mon identité.' 'Bon, peut-être que si vous en aviez parlé...' 'C'est vrai, mais on ne me l'a jamais demandé.' »

B

DISCRIMINATION—HOMOPHOBIE, BIPHOBIE, TRANSPHOBIE

Pouvez-vous me parler des problèmes particuliers que vous avez éprouvés suite à une discrimination fondée sur votre orientation ou identité sexuelles ?

DISCRIMINATION
HOMOPHOBIE BIPHOBIE TRANSPHOBIE

PERCEPTIONS DE CLIENTS

« J'ai parlé ouvertement de mon homo-sexualité à mes amis et à ma famille mais pas à mes collègues. De nombreuses plaisanteries homophobes circulaient au travail. De plus, j'y entendais des propos insultants et je ne pouvais rien dire. Alors, après une dure journée de travail, j'étouffais mon chagrin en me tournant vers la drogue. Je suis absolument convaincu que l'homophobie a été largement responsable de ma toxicomanie. Ce n'est pas une excuse, c'est juste un facteur. »

« Lorsque vous êtes seule avec votre drogue, l'homophobie n'est pas un problème. »

« Je pense que l'homophobie et la biphobie expliquent vraiment pourquoi certaines personnes consultent pour des problèmes de santé mentale. Il est vraiment très important que les gens parviennent à se sentir bien dans leur peau et à préserver cet état de bien-être, parce que l'homophobie fait partie de ces choses qui précipitent votre déchéance. »

« Il n'y a pas de mal à être gay, lesbienne ou même drag queen. Mais si vous êtes transgenderiste, vous êtes l'être le plus répugnant qui soit. Les gens apparemment normaux deviennent fous furieux en me voyant. Je suis la pire des provocations pour le monde entier, pour la religion, pour la définition du rôle homme-femme, pour ce que la société voudrait que je sois. »

PERTINENCE OU INTENTION

Les expériences personnelles de discrimination fondée sur l'orientation ou l'identité sexuelles des clients peuvent êtres liées à leurs problèmes de toxicomanie ou de santé mentale.

Il n'est pas facile pour les personnes LGBTTBIQ d'ignorer les images négatives de la société à leur égard et d'y rester insensibles.

Elles subissent notamment les types de discrimination suivants :
· intimidation, violence verbale, insultes, harcèlement ou injures ;
· rejet et exclusion sociale ;
· voies de fait ou violences physiques ;
· refus de services, d'emploi, de logement ou d'autres possibilités ;
· sentiments de gêne ou de peur manifestés en leur présence.

L'orientation et l'identité sexuelles sont reliées à de nombreuses autres identités telles que la race, l'origine ethnique, la culture, la religion, le statut d'immigrant et la langue. La discrimination fondée sur l'orientation ou l'identité sexuelles ne peut pas être dissociée des autres formes d'oppression sociale, comme le racisme, le sexisme, le classisme et la discrimination fondée sur la capacité physique.

Les clients LGBTTBIQ doivent savoir que vous êtes conscient du contexte d'oppression sociale dans lequel ils évoluent. Ils peuvent craindre que les fournisseurs de services ne respectent pas ou ne comprennent pas leurs conditions de vie, ne connaissent pas leurs problèmes ou associent leur identité à une pathologie. Ils peuvent également redouter que les conseillers formulent des hypothèses stéréotypées sur le lien entre leur orientation ou identité sexuelles et leurs problèmes de toxicomanie ou de santé mentale.

Les clients transsexuels et transgenderistes qui ont des difficultés à « prétendre » être du sexe auquel ils sont identifiés sont plus susceptibles de subir de la discrimination. En « prétendant », les clients transsexuels peuvent plus facilement obtenir et garder un emploi et un logement, et ils sont moins la cible de violences. Les obstacles, notamment financiers, à la procédure de changement de sexe (p. ex., thérapie hormonale, électrolyse, chirurgie) peuvent rendre difficile de prétendre.

D'autres personnes qui ne se conforment pas aux normes de la société à l'égard de l'identité sexuelle, comme les hommes féminins, les femmes masculines et les personnes androgynes, sont souvent la cible de discrimination comparativement à ceux et à celles qui s'y conforment.

Les cliniciens devraient s'interroger sur les façons dont leur propre organisation ou leurs propres pratiques perpétuent une attitude discriminatoire envers les personnes LGBTTBIQ. Voici quelques exemples courants :
· une personne transgenderiste ou transsexuelle à qui on refuse un traitement hormonal ou une chirurgie en raison de problèmes de santé mentale ;
· un homme gay, en cure de désintoxication, à qui l'on demande de ne pas se laisser « distraire » par des questions associées à son identité sexuelle ;
· une transfemme à qui l'on interdit l'usage de salon pour femmes ;
· un membre du personnel qui refuse de traiter une personne LGBTTBIQ parce que c'est contraire à sa religion ;
· un clinicien qui manifeste de la curiosité envers un client bisexuel et lui pose des questions sur ses pratiques sexuelles qui n'ont rien à voir avec le traitement ;
· un clinicien qui encourage une lesbienne d'apparence masculine à être plus féminine ;
· un membre du personnel qui refuse à un partenaire de même sexe ou à un autre membre de la famille le droit de rendre visite à un être cher à l'hôpital ;
· le manque de toilettes unisexes.

Pour connaître les ressources Internet sur la discrimination, veuillez consulter la section Ressources (page 50).

PERCEPTIONS DE THÉRAPEUTES OU DE CONSEILLERS

« La communauté LGBTTBIQ est déjà marginalisée. Les personnes ayant des problèmes de santé mentale sont elles aussi marginalisées. Alors, lorsque vous appartenez à ces deux groupes à la fois, cette marginalisation s'accentue encore plus. »

« Mes clients gays me racontent qu'aujourd'hui le fait qu'ils soient gays ou différents est inscrit dans leur dossier. Et tout le monde leur demande : 'Et cela te convient d'être gay ?' Je pense que ce n'est pas tant le fait d'être gay qui pose problème en premier lieu, mais plutôt l'homophobie ou le fait que les clients soient traités différemment. »

« C'est un problème fondamental. Comment pourrait-il en être autrement ? Ces personnes sont traumatisées par la discrimination qu'elles subissent, chaque mois, chaque semaine, voire chaque jour. Ce genre de traumatisme répétitif dure probablement depuis très longtemps. »

B1

PRÉTENDRE désigne le fait pour une personne d'apparaître et d'être acceptée dans la société sous le sexe auquel elle s'identifie. Cette expression peut également désigner le fait de cacher son orientation sexuelle.

L'**HÉTÉROSEXISME**, c'est tenir pour acquis que toutes les personnes sont ou devraient être hétérosexuelles et que le fait de se définir comme hétérosexuel et de n'avoir de l'attirance sexuelle ou amoureuse que pour les membres du sexe opposé est bien et acceptable. Si ces suppositions sont faites inconsciemment, elles sont appelées *suppositions par défaut*. Par exemple, le fait de demander à une femme si elle a un mari renforce le sentiment d'invisibilité éprouvé par les personnes lesbiennes, gays et bisexuelles.

Comme les autres formes de discrimination, l'**HÉTÉROSEXISME**, l'**HOMOPHOBIE**, la **BIPHOBIE** et la **TRANSPHOBIE** sont souvent invisibles et passent inaperçus auprès de ceux qui n'en sont pas les cibles.

Les **CRIMES HAINEUX** sont des agressions motivées par la haine éprouvée à l'égard des victimes, en raison de leur race, de leur couleur, de leur religion, de leur pays d'origine, de leur origine ethnique, de leur sexe, de leur handicap (physique ou mental) ou de leur orientation sexuelle, qu'il s'agisse d'une réalité ou d'une perception.

QUESTIONS SUPPLÉMENTAIRES

Comment vivez-vous le fait d'être une personne LGBTTBIQ ?

Avez-vous eu des problèmes parce que des gens n'aimaient pas les personnes LGBTTBIQ ?

Avez-vous déjà dû faire face à des problèmes particuliers en raison de l'homophobie, de la biphobie ou de la transphobie ?

Avez-vous été victime de discrimination au travail, à l'école, dans les services de soins de santé ou dans les services sociaux ?

AFFIRMATION DE L'IDENTITÉ ET TRANSITION SEXUELLE
Vers quel âge avez-vous réalisé pour la première fois que vous étiez _____?
Qu'avez-vous ressenti après votre affirmation d'identité ou transition sexuelle et comment ont réagi les autres ?

PERTINENCE OU INTENTION

AFFIRMATION DE L'IDENTITÉ ET TRANSITION SEXUELLE

L'espace vide (_____) dans cette question (et dans le reste de ce guide) doit être remplacé par la réponse du client à la question A2 ou A3 (p. ex., lesbienne, queer, transgenderiste). Si vous avez besoin de préciser l'identité sexuelle du client, demandez-lui comment il souhaiterait qu'on le définisse (p. ex., une femme pourrait vouloir être désignée comme une gouine ou un transsexuel masculin pourrait vouloir être appelé transfemme).

L'affirmation de l'identité est une étape importante dans la vie des personnes LGBTTBIQ. Il s'agit en effet d'un processus ; ce n'est pas « soit l'un, soit l'autre »—et il ne suffit pas de demander si le client est « sorti du placard ».

Chez les personnes transgenderistes et transsexuelles, le processus d'affirmation d'identité peut également être considéré comme un processus de transition sexuelle.

Chez certaines personnes, l'affirmation de l'identité ou la transition sexuelle peuvent provoquer un rejet social, des critiques, des actes de violence, une réprobation, la stupéfaction et la menace de divulgation—ces réactions peuvent entraîner un préjudice durable pour les personnes LGBTTBIQ.

Les personnes peuvent commencer ou continuer à faire usage de drogue ou d'alcool pour faire face aux différents sentiments et réactions de leur famille et de leurs pairs, ainsi qu'à l'isolement social qui peut accompagner l'affirmation de leur identité ou leur processus de transition sexuelle. Elles peuvent également consommer de la drogue ou de l'alcool pour exprimer ou réprimer un désir envers les personnes de même sexe ou leur expression sexuelle. Par exemple, une femme peut faire usage de cannabis pour avoir des relations sexuelles avec son mari, pour lequel elle n'a pas d'attirance, ou encore, une femme ne peut avoir de rapports sexuels avec une autre femme que si elle consomme de l'alcool, à cause de la honte ou du sentiment de culpabilité associés à une oppression intériorisée. Certaines personnes peuvent également avoir de plus fortes angoisses, dépressions et idées suicidaires devant les difficultés d'affirmation ou de transition sexuelle.

PERCEPTIONS DE CLIENTS

« Lorsque j'ai affirmé mon identité, j'ai vraiment cessé de consommer de la drogue. Je poursuis toujours ce processus. »

« L'affirmation de l'identité est une profonde transformation psychologique. Vous vous redéfinissez aux yeux du monde. C'est une chose très profonde et très intime. C'est extrêmement important. Cela concerne autant la perception que vous avez de vous-même que celle qu'ont les autres à votre égard. »

« Je crois que cela m'a beaucoup soulagé. En affirmant votre identité, vous pouvez être vraiment vous-même. Lorsque vous gardez votre identité secrète et que vous avez peur qu'on la découvre ou qu'on ne vous accepte pas, votre dépression ne fait que s'aggraver, tout comme la dissociation de votre identité et tous les autres problèmes qui s'ensuivent. Mais lorsque vous commencez à comprendre que les gens ne vont pas vous haïr, je pense que votre estime de soi s'améliore. La plupart des personnes ayant des problèmes de santé mentale ont une faible estime de soi. Je veux dire que l'estime de soi s'améliore lorsque les gens commencent à vous accepter comme vous êtes. »

PERCEPTIONS DE CLIENTS

« J'ai vraiment affirmé mon identité en grand. J'avais vraiment très peur. Alors, j'ai pris le taureau par les cornes et je me suis dit : 'Oh là là ! Ça fait peur, donc je dois juste le dire, frapper un grand coup, et ensuite ce sera fini. Je pense pouvoir rassembler suffisamment de courage pour un jour, donc disons-le à tout le monde aujourd'hui. Tout le monde à l'école le saura et mon père aussi. Toutes les personnes que je connais l'apprendront. Et je téléphonerai à toutes mes connaissances pour le leur dire.' Donc c'était simplement, 'vas-y' et ne te soucie pas des réactions de ceux à qui tu vas le dire. Alors j'ai été très démonstratif à l'école et les réactions n'ont pas été bonnes du tout. Mon casier a été couvert de graffitis. Heureusement, j'avais quelques amis vraiment proches qui ne m'ont pas laissé tomber. J'ai été roué de coups une fois près des casiers, juste à la fin des cours, et à partir de ce moment-là, je ne suis plus allé à l'école. J'avais 15 ans et je n'ai jamais terminé mes études secondaires. »

PERCEPTIONS DE THÉRAPEUTES OU DE CONSEILLERS

« Les personnes gardent leur identité sexuelle secrète et ne se sentent pas bien dans leur peau. Elles trouvent une échappatoire comme l'alcool ou la drogue pour noyer leur chagrin. »

« Souvent les clients qui viennent ici sont ceux qui se demandent s'ils vont s'affirmer comme transhommes et gérer tous les problèmes connexes. La plupart des personnes, pas toutes mais beaucoup, viennent d'un milieu de lesbiennes. Elles ont affirmé leur identité en tant que lesbiennes et vous racontent leur histoire personnelle sur leur vie de lesbienne. Alors, lorsqu'elles affirment leur identité transsexuelle, on assiste à une sorte de réévaluation de tous ces récits et à une sélection d'autres récits. »

N'oublions pas que l'affirmation de l'identité et la transition sexuelle peuvent être vécues comme une libération, une joie et de l'excitation. La santé mentale de certaines personnes s'améliore beaucoup lorsqu'elles deviennent « vraiment elles-mêmes ».

C'est une décision réfléchie pour les personnes LGBTTBIQ que de choisir le moment et le lieu où elles affirmeront leur identité, car elles en auront pesé les conséquences. Par exemple, une personne peut affirmer son identité chez elle mais pas au travail, ou inversement. Les jeunes qui vivent chez leurs parents ou chez des tuteurs peuvent décider d'attendre d'être indépendants, par crainte d'être rejetés ou chassés du foyer.

Parfois, les clients qui affirment leur identité ou changent de sexe plus tard dans leur vie vivent une « seconde adolescence » dans laquelle ils doivent gérer leurs relations interpersonnelles et leurs propres sentiments—tâches qu'ils n'ont peut-être pas pu réaliser quand ils étaient plus jeunes dans un environnement hétérosexiste.

Les thérapeutes et conseillers peuvent aider leurs clients à résoudre les problèmes liés à l'affirmation de l'identité ou à la transition sexuelle et à développer une identité positive en tant que personne LGBTTBIQ.

Pour vous faire l'allié d'un client qui traverse une phase d'affirmation d'identité ou de transition sexuelle, vous pouvez :
· fournir des renseignements sur l'affirmation de l'identité, afin de normaliser son expérience ;
· fournir des renseignements sur les ressources communautaires ;
· prêter attention tant à la personne qu'à son milieu social ; ainsi, si le client exprime des craintes sur son affirmation au travail, vous pourrez l'aider à définir ses propres sentiments et lui fournir des renseignements sur l'homo/bi/transphobie et les droits de la personne dans ces domaines.

Il existe de nombreux modèles d'affirmation de l'identité—qui peuvent aider les cliniciens à se familiariser avec cette expérience. Le modèle de Cass pour les lesbiennes et les gays (Cass, 1979) comprend six étapes :
· la confusion quant à son identité—la personne n'est pas certaine de ce qu'elle est ;
· la comparaison quant à son identité—la personne établit qu'elle est différente des autres ;
· la tolérance envers son identité—la personne croit qu'elle pourrait être lesbienne ou gay et cherche à intégrer une communauté ;
· l'acceptation de son identité—la personne se définit comme lesbienne ou gay et le révèle à des êtres chers ;
· la fierté de son identité—la personne déclare plus ouvertement son identité, affirme cette nouvelle identité et s'immerge dans les communautés et la culture gaies ou lesbiennes ;
· la synthèse de l'identité—la personne intègre totalement son identité à une image plus vaste d'elle-même et son orientation sexuelle ne constitue plus un problème.

Chez les personnes bisexuelles, le processus d'affirmation de l'identité est différent, bien qu'il comporte certaines similarités avec le modèle de Cass.

Un autre modèle, élaboré par Devor (1997), décrit 14 étapes de développement de l'identité chez les transsexuels féminins :
· l'angoisse permanente—identité sexuelle floue et embarras sexuel ;
· la confusion quant à son identité—premiers doutes à propos de la convenance du sexe et du genre déterminés à la naissance ;
· la comparaison quant à son identité—recherche et évaluation des autres identités féminines ;
· la découverte—la personne apprend que le transsexualisme féminin existe ;
· la confusion quant à son identité—premiers doutes sur l'authenticité de son propre transsexualisme ;
· la comparaison quant à son identité—la personne met à l'épreuve son identité transsexuelle en fréquentant des groupes transsexuels ;
· la tolérance envers son identité—la personne se définit comme probablement transsexuelle ;
· l'attente—la personne attend un changement de circonstances ; elle cherche la confirmation de son identité transsexuelle ;
· l'acceptation de son identité—la personne a défini son identité transsexuelle ;
· l'attente—l'identité transsexuelle se renforce ; la personne ne s'identifie plus comme une femme ou un membre du sexe féminin ;
· la transition—changement de genre, étape intermédiaire entre deux sexes ;
· l'acceptation de son identité—la personne se définit comme un homme transsexuel ;
· l'intégration—transsexualité plus visible ;
· la fierté de son identité—la personne affirme publiquement sa transsexualité.

QUESTIONS SUPPLÉMENTAIRES

À qui avez-vous parlé de votre situation ? Comment ces personnes ont-elles réagi ?

Avez-vous fréquenté des bars lorsque vous avez révélé publiquement votre identité ?

Existe-t-il des domaines de votre vie où vous ne vous affichez pas ouvertement ?

Pensez-vous avoir consommé plus d'alcool ou de drogues, ou que votre santé mentale a été éprouvée, pendant votre processus d'affirmation d'identité ou de transition sexuelle ?

PERCEPTIONS DE THÉRAPEUTES OU DE CONSEILLERS

« Lorsque les clients se demandent s'ils vont affirmer leur identité, vous devez leur poser certaines questions afin de les aider dans leur décision : 'Vous sentez-vous en sécurité ?' 'Vivez-vous avec quelqu'un et cette relation est-elle stable ?' Il est parfois plus sûr pour certaines personnes de cacher leur identité l'espace d'un an, jusqu'à ce qu'elles aient terminé leurs études si elles ont le soutien total de leurs parents. Mais, d'un autre côté, il peut être plus dangereux pour quelqu'un de ne pas se dévoiler, parce que les risques de suicide sont plus élevés. Il faut donc peser le pour et le contre. »

« Cela ne s'arrête jamais. Je veux dire qu'une fois que vous avez affirmé votre identité, c'est pour le reste de votre vie. »

B2

L'AFFIRMATION DE L'IDENTITÉ est le processus par lequel les personnes LGBTTBIQ reconnaissent et dévoilent leur orientation ou identité sexuelles, envers elles-mêmes et envers les autres.

La **TRANSITION** est le processus par lequel les personnes transsexuelles modifient leur apparence et leur corps afin de les faire correspondre à leur identité sexuelle intérieure, tout en vivant à plein temps sous leur rôle sexuel préféré.

PARLER OUVERTEMENT DE SON ORIENTATION OU IDENTITÉ SEXUELLES
Parlez-vous ouvertement de votre orientation ou identité sexuelles ? Au travail ? À l'école ? À la maison ? Avec de nouvelles connaissances ?

CETTE QUESTION PERMET DE DÉTERMINER L'AFFIRMATION DU CLIENT EN PUBLIC EN TANT QUE LGBTTBIQ.

PERCEPTIONS DE CLIENTS

« J'ai eu du mal à accepter ma sexualité. C'est pour cela que j'ai commencé à boire. Cela s'est passé pendant mes études secondaires. Mon premier verre a été mon premier pas vers l'alcoolisme. En fait, je crois que j'étais un adolescent malheureux à cause de mon secret. »

« J'essaie toujours de lutter contre mon homophobie intériorisée. À ce moment de ma vie, si je vivais une relation, je serais gêné à l'idée de marcher dans la rue en tenant un autre homme par la main. Je repousserais vraiment quelqu'un s'il faisait cela. C'est ce que je ressens au fond de moi. »

« Je travaille dans une entreprise où tout le monde vit une petite vie bien rangée—mariés, avec des enfants, un chien et tout ce qui va avec. Souvent, mes collègues me demandent pourquoi je ne suis pas mariée et c'est une situation pénible. Je réponds toujours : Parce que je n'ai pas trouvé 'l'homme de ma vie' alors qu'en réalité, je vis une relation avec une femme. »

PERTINENCE OU INTENTION

Cette question permet de déterminer l'affirmation du client en public en tant que LGBTTBIQ et de définir son niveau d'oppression intériorisée (à savoir, homophobie, biphobie, transphobie). Lorsque les personnes sont éduquées dans une culture au sein de laquelle l'hétérosexisme et les attitudes strictes à l'égard du sexe sont très répandus, il est difficile d'éviter une certaine intériorisation de ces attitudes. L'un des plus importants problèmes de traitement ou de counseling pour les clients LGBTTBIQ consiste à se libérer de l'oppression intériorisée et de la honte liée à leur orientation ou identité sexuelles.

Parmi les autres dimensions de l'oppression intériorisée, citons :
- les sentiments de malaise ou de gêne liés au fait d'être une personne LGBTTBIQ ;
- l'absence de liens avec les communautés LGBTTBIQ ;
- la morale et les attitudes religieuses négatives à l'égard des personnes LGBTTBIQ ;
- les attitudes négatives à l'égard des autres personnes LGBTTBIQ.

Les thérapeutes et conseillers doivent s'efforcer de bien faire la différence entre l'oppression intériorisée et la crainte légitime de l'oppression sociale (p. ex., crainte d'être licencié ou de voir son statut d'immigrant compromis en raison de l'homophobie de la société).

Les thérapeutes et conseillers doivent éviter de valider l'oppression intériorisée. Si possible, ils doivent aider leurs clients à prendre conscience du problème en résolvant en douceur toute expression de l'oppression intériorisée. Par exemple, si une cliente leur dit : « Les relations entre lesbiennes ne durent jamais. Les lesbiennes sont si instables. », le thérapeute ou conseiller peut demander : « Est-ce vrai pour toutes les lesbiennes ? » et souligner les exceptions : « Je connais de nombreuses lesbiennes qui vivent une relation stable ».

Les thérapeutes et conseillers peuvent avoir un rôle à jouer en encourageant les clients à affronter l'oppression sociale en s'impliquant dans l'activisme individuel ou collectif. La participation à des groupes communautaires et la lutte active contre l'homo/bi/transphobie peuvent être utiles pour certains clients.

QUESTIONS SUPPLÉMENTAIRES

Voulez-vous que les autres connaissent votre orientation ou identité sexuelles ?

Craignez-vous que les autres découvrent votre orientation ou identité sexuelles ?

Que ressentez-vous en tant que personne ayant affirmé son identité de _____ ?

Les autres savent-ils que vous avez un partenaire de même sexe ou transsexuel ?

Les autres sont-ils au courant de votre transition sexuelle ?

PERCEPTIONS DE THÉRAPEUTES OU DE CONSEILLERS

« Dans certains milieux, il peut être dangereux, non seulement d'un point de vue émotionnel et intellectuel, mais également physique, pour une personne de s'afficher queer. »

« Certains clients transsexuels décident de ne pas affirmer leur identité. Le terme qu'ils emploient actuellement est 'discret'. Ils choisissent de camoufler leur identité ou de la dévoiler dans certains endroits. Cette situation peut engendrer énormément d'angoisse et d'anxiété parce qu'ils sont toujours aux aguets. 'Qui le sait ? Qui va le découvrir ? Qui va aller le raconter ? Vais-je perdre mon travail ?' Toutes ces questions entraînent un état extrême d'hyper-vigilance. »

B3

PROBLÈMES FAMILIAUX

Parlez-moi de votre famille. Dans quelle mesure votre orientation ou identité sexuelles a-t-elle influencé vos relations avec votre famille ? Recevez-vous un soutien de sa part ?

CES QUESTIONS ÉVALUENT LES RELATIONS DE VOTRE CLIENT AVEC SA FAMILLE D'ORIGINE ET SA FAMILLE CHOISIE ET DÉTERMINENT LE NIVEAU DE SOUTIEN REÇU.

PERCEPTIONS DE CLIENTS

« J'ai affirmé mon identité à ma mère et c'est à ce moment que ma consommation d'alcool est devenue incontrôlable. »

« Nous ne pourrons jamais avoir d'enfant. Si vous n'avez pas d'argent, vous ne pouvez pas avoir recours à la fécondation in vitro. Si vous avez un problème de santé mentale, l'adoption est difficile. Il est même plus difficile d'adopter un enfant pour nous, parce que nous sommes un couple de lesbiennes et que chacune de nous est atteinte d'une maladie mentale. Donc, nous devons faire face à ces problèmes alors que nous voulons vraiment avoir des enfants ensemble. »

PERTINENCE OU INTENTION

Ces questions évaluent les relations de votre client avec sa famille d'origine et sa famille choisie et déterminent le niveau de soutien reçu.

Les problèmes entourant la famille traditionnelle ou la famille d'origine ont des conséquences et des thèmes différents pour les personnes LGBTTBIQ et pour les personnes hétérosexuelles.

Lorsqu'elles révèlent leur orientation ou leur identité sexuelles, les personnes LGBTTBIQ peuvent craindre la réaction de leurs parents, de leurs amis, de leurs enfants et de leur famille élargie. Pour conserver une relation positive avec leur famille et son soutien, certaines personnes LGBTTBIQ choisissent de ne pas parler de leur sexualité. D'autres, qui ont décidé de l'affirmer ouvertement, ne bénéficient pas toujours du soutien de leur famille pendant ou après l'affirmation de leur identité.

Les partenaires de même sexe ou transsexuels peuvent être exclus de la famille ou traités comme le seraient des partenaires non LGBTTBIQ. Par exemple, les parents d'une femme hétérosexuelle considèrent l'époux de leur fille comme un fils, tandis que la partenaire d'une lesbienne est « seulement une amie » ou « une colocataire ».

Les personnes qui doivent faire face à un rejet familial peuvent se tourner vers des réseaux de soutien différents ou des familles choisies, constitués d'amis, d'anciens et de nouveaux partenaires et amants. Pour les personnes de couleur, la famille peut constituer un refuge face au racisme. Si les personnes LGBTTBIQ de couleur manquent de soutien ou souffrent de discrimination dans leur foyer, elles peuvent se retrouver dans une situation d'isolement extrême. Elles peuvent également avoir besoin de se créer une famille choisie, composée de personnes issues de leur propre communauté marginalisée. Les conseillers et thérapeutes doivent toujours valider les familles choisies de leurs clients.

Chez certains clients LGBTTBIQ, les relations amoureuses ou sexuelles ne sont pas toujours les plus importantes de leur vie. Ainsi, quelqu'un peut se sentir émotivement plus proche d'un frère ou d'une sœur biologique ou d'un membre de la famille choisie que d'un amant de longue date ou occasionnel.

Les personnes LGBTTBIQ peuvent également se créer une famille en devenant elles-mêmes parents—cette situation doit être reconnue par les cliniciens. Les parents LGBTTBIQ doivent souvent décider s'il convient d'affirmer leur identité à leurs enfants et choisir la manière et le moment de le faire. Les enfants doivent également faire face aux préjugés de la société et leurs parents doivent parfois les aider à surmonter ces problèmes.

Certaines personnes peuvent être incapables de nouer d'autres liens sociaux et d'intégrer un réseau de soutien après avoir été exclues de leur famille.

En dépit des réseaux de soutien qu'elles peuvent avoir, certaines personnes LGBTTBIQ se tournent vers l'alcool, la drogue ou d'autres stratégies dangereuses (p. ex., troubles de l'alimentation, folie des dépenses, automutilation) afin de supporter la douleur née du rejet, de l'isolement ou du conflit entourant leur orientation ou leur identité sexuelles.

Pour obtenir des ressources Internet sur les problèmes familiaux, veuillez consulter la section Ressources (page 50).

PERCEPTIONS DE CLIENTS

« Ma fille vit des moments difficiles à l'école. Elle m'accompagne chaque année à la Journée de fierté des gays et des lesbiennes et si elle porte son T-shirt de l'événement à l'école, les autres élèves se montrent méchants et cruels. Elle a les cheveux courts et ils lui disent : 'Bon, on suppose que tu vas finir comme ta mère !' —même si elle n'est pas gaie. Et même si elle l'était, qu'est-ce que cela changerait ? Je serai fière d'elle quoi qu'il arrive. Mes enfants supportent parfois plus de choses que moi. »

PERCEPTIONS DE THÉRAPEUTES OU DE CONSEILLERS

« Lorsque vous ajoutez à cela un problème de santé mentale, vous avez deux fois plus de risques, non seulement d'avoir des ennuis, mais aussi que votre famille vous renie. Certaines familles acceptent difficilement les problèmes de santé mentale. Vous faites donc face à un double problème. »

« Les personnes transsexuelles connaissent des moments difficiles avec leur famille, parce qu'elles essaient d'être acceptées. Dans certains cas, par exemple, les membres de la famille d'une transfemme sont incapables d'utiliser le pronom correct. Ainsi, ces personnes doivent constamment se battre pour que les membres de leur famille reconnaissent leur identité et utilisent les bons mots pour les désigner. »

B4

PERCEPTIONS DE THÉRAPEUTES OU DE CONSEILLERS

« Si vous avez fait partie d'une certaine cellule familiale ou d'une cellule familiale élargie et que soudain vous la perdez, il vous faudra longtemps pour tout reconstruire. Ce n'est pas simple, particulièrement si vous venez d'affirmer votre identité et que vous commencez juste à vous familiariser avec la culture. Cette situation peut faire peur. »

« Certaines personnes ne disent rien à leurs parents s'ils sont très religieux ou issus de cultures différentes. Elles ne peuvent tout simplement pas. Elles doivent composer avec les contraintes culturelles de la famille. »

La **FAMILLE D'ORIGINE** est la famille biologique ou la famille qui était importante lors de la petite enfance d'une personne.

La **FAMILLE CHOISIE** ou **FAMILLE DE CHOIX** désigne ceux et celles qui apportent un soutien à une personne, l'entourent d'affection, l'acceptent et sont importants pour elle.

QUESTIONS SUPPLÉMENTAIRES

De qui se compose votre famille ?

Avez-vous affirmé votre identité à votre mère, à votre père, à vos frères et à vos sœurs, à vos enfants, à d'autres membres de la famille ?

Comment votre famille a-t-elle réagi ?

Pourquoi craignez-vous d'affirmer votre identité à votre famille ?

Faites-vous toujours partie de la famille ? Êtes-vous le bienvenu/la bienvenue dans votre famille ?

Comment décririez-vous vos relations avec votre famille ?

Votre famille accepte-elle votre partenaire ?

Avez-vous des enfants ? Leur avez-vous affirmé votre identité ? Qu'avez-vous ressenti ensuite et comment vos enfants ont-ils réagi ?

Si vous êtes exclu de votre famille d'origine, avez-vous une famille choisie ?

ENGAGEMENT DANS UNE COMMUNAUTÉ

Quel est votre degré d'engagement dans les communautés lesbiennes, gaies, bisexuelles, transsexuelles, transgenderistes, bispirituelles, intersexuelles et/ou queers (LGBTTBIQ) ?

PERTINENCE OU INTENTION

Cette question évalue le lien du client avec les communautés LGBT-TBIQ et les soutiens sociaux ou l'absence de tels soutiens, pour voir si l'isolement social est un problème. Elle peut également aider à établir le niveau d'oppression intériorisée du client (p. ex., homophobie intériorisée).

Le niveau d'identification d'une personne à une communauté est un important facteur de résilience. La discrimination émanant de leur famille et de la société oblige de nombreuses personnes LGBTTBIQ à chercher un soutien auprès de leurs propres communautés.

Qui plus est, certaines personnes LGBTTBIQ doivent faire face à une double ou triple marginalisation (p. ex., les personnes ayant un handicap physique), et il leur est encore plus difficile de trouver un soutien. De nombreuses personnes LGBTTBIQ de couleur peuvent se retrouver dans des communautés LGBTTBIQ constituées principalement de blancs issus de la classe moyenne. Les clients LGBTTBIQ des milieux ruraux peuvent avoir plus de difficulté à trouver une communauté et, parfois, lorsqu'ils en trouvent une, celle-ci est majoritairement constituée de citadins.

Un solide réseau de soutien social est essentiel pour résoudre ses problèmes de toxicomanie ou de santé mentale. Les bars gays et lesbiens ont toujours été un lieu de socialisation pour les communautés LGBTTBIQ, proposant un environnement où ces personnes peuvent se rencontrer et se faire des relations, loin des préjugés de la société. Jusqu'à tout récemment, à part les bars ou les « rave », il existait peu d'endroits où les personnes LGBTTBIQ pouvaient aller se détendre en ayant le sentiment d'appartenir à une communauté. Les thérapeutes et conseillers doivent établir si le client compte principalement sur les bars ou les clubs pour fréquenter d'autres personnes—l'alcool et diverses autres drogues étant souvent abondamment présents dans ces environnements.

Dans certaines petites collectivités, il n'existe aucun lieu où les personnes LGBTTBIQ peuvent se rencontrer. Les ressources Internet pourraient être utiles à ces personnes.

LE NIVEAU D'IDENTIFICATION D'UNE PERSONNE À UNE COMMUNAUTÉ EST
UN IMPORTANT FACTEUR DE RÉSILIENCE.

PERCEPTIONS DE CLIENTS

« Je crois que les gays grandissent en pensant : 'Je n'ai pas ma place. Je suis un marginal. Je ne serais jamais accepté nulle part'. Cela tient au fait que nos occasions de socialiser sont limitées. Si vous êtes hétéro, vous pouvez aller n'importe où et faire ce que vous voulez. Si vous êtes ouvertement gay, vous êtes limité au niveau des endroits où vous pouvez aller et vous sentir à l'aise. Pour de nombreuses personnes qui ne veulent pas passer leur temps dans les bars, ou qui ont une très forte homophobie intériorisée, et qui peuvent trouver les scènes sociales peu commodes, l'isolement est parfois la solution. Je pense qu'il existe énormément de solitude dans la communauté gaie. »

« Que trouve-t-on dans la communauté gaie, à part les bars ? »

« J'ai beaucoup de mal à me faire des amis et je n'ai aucun lien avec la communauté gaie. J'essaie toujours d'accepter le fait que je puisse être bisexuel ou gay, et lorsque j'aurai réglé cette question, peut-être que je nouerai quelques liens. »

PERCEPTIONS DE THÉRAPEUTES OU DE CONSEILLERS

« Je suppose qu'il existe deux 'placards' dans la communauté gaie et lesbienne : un pour la maladie mentale et un autre pour l'homosexualité. Dans un grand hôpital, il vaut mieux faire semblant d'être hétéro. Donc, vous gardez le secret sur votre homosexualité. Mais dans la communauté gaie, si vous avez de gros problèmes de santé mentale, il vaut mieux cacher que vous souffrez de dépression ou de trouble bipolaire. »

QUESTIONS SUPPLÉMENTAIRES

(Remarque : les espaces vides _____ figurant dans les questions suivantes doivent être remplacés par la réponse du client à la question A2 ou A3 (p. ex., gay, bisexuel, transsexuel.)

Avez-vous des amis _____ ?

Fréquentez-vous les groupes _____ et assistez-vous à leurs activités ?

Quelle expérience avez-vous des communautés _____ ?

Comment vous sentez-vous dans des situations impliquant d'autres personnes _____ ?

Vous sentez-vous isolé ou différent des autres personnes _____ ?

Connaissez-vous les ressources communautaires destinées aux _____ (organismes, équipes sportives, librairies, bars, groupes, festivals, etc.) ?

IMAGE CORPORELLE ET VIEILLISSEMENT

Avez-vous des problèmes d'image corporelle ? Craignez-vous de vieillir ? Ressentez-vous les pressions relatives à l'image corporelle et au vieillissement qui existent dans les communautés lesbiennes, gaies, bisexuelles, transsexuelles, transgenderistes, bispirituelles, intersexuelles et/ou queers (LGBTTBIQ) ?

PERTINENCE OU INTENTION

L'image corporelle, l'apparence, la jeunesse et la mode peuvent être des problèmes importants pour tou-

L'IMAGE CORPORELLE, L'APPARENCE, LA JEUNESSE ET LA MODE PEUVENT ÊTRE DES PROBLÈMES IMPORTANTS POUR TOUTES LES PERSONNES LGBTTBIQ.

tes les personnes LGBTTBIQ. La culture gaie masculine accorde une grande importance à un corps idéal, mince et musclé, à la jeunesse, à l'apparence et à la mode. Les stéréotypes de la beauté masculine contribuent à la faible estime de soi et à l'exclusion des gays et des bisexuels qui ne répondent pas aux critères véhiculés par ces images. Ces facteurs augmentent les risques de troubles de l'alimentation, de dépression, de faible estime de soi et d'isolement.

Les stéréotypes de la beauté, l'estime de soi et l'apparence constituent également des problèmes importants pour les lesbiennes et les bisexuelles. Bien que la culture lesbienne soit plus tolérante envers les diverses formes de corps et tailles, les femmes sont exposées depuis l'enfance aux médias et aux messages de la société qui font l'éloge de la minceur et du charme. L'image corporelle est donc un sujet important pour les lesbiennes et les bisexuelles.

Les personnes transgenderistes, intersexuelles et transsexuelles ont souvent des rapports conflictuels avec leur corps, étant donné que leur identité sexuelle ne correspond pas nécessairement à leur sexe biologique. Certaines personnes transsexuelles éprouvent un immense malaise en raison du décalage qui existe entre ce qu'elles sont et ce qu'elles voudraient être. Par exemple, un transsexuel masculin peut se sentir trop masculin et souhaiter être plus féminin. Ce malaise peut contribuer à la perte de l'estime de soi.

PERCEPTIONS DE CLIENTS

« Vous devez avoir une vingtaine d'années ; une taille très mince ; être très musclé. Votre pénis doit avoir une certaine longueur. Et vous devez être jeune... vous devez ressembler à tous ces gays présentés dans les médias qui sont tous jeunes, minces et fabuleusement beaux. Et ces images, aussi plaisantes qu'elles puissent paraître, sont absolument hors d'atteinte. Je pense que la communauté gaie souffre autant que les femmes de cette situation. Il existe simplement une intense pression pour se conformer aux stéréotypes culturels. »

« Pour ma part, je trouve que la communauté gaie est très cruelle envers les personnes de plus de 23 ans. Vous devez avoir entre 14 et 18 ans pour être aimé, admiré et désiré. Au-delà de 18 ans, vous êtes fini. »

PERCEPTIONS DE CLIENTS

« La scène sociale est presque inaccessible pour de nombreuses personnes souffrant de maladie mentale, parce que le bar est surtout une scène d'esthétique. Tout tourne autour de l'apparence. Lorsque vous souffrez d'une maladie mentale, il se peut que vous ayez moins d'argent. Vos vêtements ne sont pas assez chics. Vos médicaments peuvent vous faire grossir et avoir un effet sédatif sur votre corps. Au sein de cette communauté, particulièrement chez les femmes et les personnes transsexuelles, certains facteurs économiques rendent plus difficile de posséder les vêtements les plus seyants ou à la dernière mode. Les personnes qui prennent des médicaments peuvent présenter un excès de poids ou être léthargiques et elles auront certainement plus de mal à s'intégrer dans cet environnement et à s'y sentir à l'aise parce que tout tourne autour de l'apparence. Donc, vous êtes écarté de cette scène, parce que vous ne vous y sentez pas à l'aise. C'est encore un endroit de plus où vous ne pouvez pas aller. »

Même si les transpersonnes n'ont pas toutes le désir de « prétendre », certaines peuvent vouloir ardemment « prétendre » avec succès être du sexe auquel elles cherchent à appartenir. « Prétendre » peut être plus difficile en raison des attentes sexuelles restrictives (p. ex., les hommes doivent être musclés). La personne qui a de la difficulté à « prétendre » sera vulnérable au harcèlement ou aux mauvais traitements, ce qui pourra conduire à la dépression, à l'angoisse, au désespoir et à un abus d'alcool ou d'autres drogues.

L'image corporelle et l'apparence physique peuvent également être plus problématiques pour les clients ayant un handicap physique visible ou pour ceux appartenant aux communautés marginalisées qui ne répondent pas aux principaux canons de beauté.

Les personnes âgées sont aussi laissées pour compte au sein de la société en général et des communautés LGBTTBIQ. Notre société privilégie la jeunesse et tend à supposer que les personnes âgées n'ont pas de sexualité.

Cependant, les personnes âgées LGBTTBIQ ont commencé à se créer une place, en se réunissant pour former des réseaux de soutien et des services. À Toronto, en Ontario, le 519 Church Street Community Centre constitue un centre de ressources pour les personnes LGBTTBIQ. Il a mené une évaluation des besoins qui a révélé la nécessité d'opérer de grands changements dans les services aux personnes âgées, notamment en ce qui concerne les logements pour les personnes LGBTTBIQ, les soins gériatriques et les activités sociales. Le rapport recommande également des changements au sein des organismes LGBTTBIQ, par exemple l'intégration des personnes âgées à des postes de direction, des efforts pour la défense de leurs droits et un « changement culturel » dans la manière dont la communauté voit, reconnaît et honore ses aînés (Harmer, 2000).

QUESTIONS SUPPLÉMENTAIRES

Le vieillissement ou les changements de votre corps vous ont-ils déjà inquiété ?

Avez-vous des problèmes d'intégration dans la communauté ?

PERCEPTIONS DE THÉRAPEUTES OU DE CONSEILLERS

« L'une des choses difficiles pour les trans-hommes est qu'ils peuvent avoir 23 ans, commencer à prendre des hormones et paraître 13 ans. Ce phénomène peut ainsi poser tout un ensemble de problèmes où l'âge est très pertinent ; il faut donc aborder cette question. »

« Tout d'abord, l'affirmation de son identité peut se faire à tout âge. Ensuite, les personnes âgées sont censées ne plus avoir de sexualité. Elles ne devraient même plus être attirées par le sexe. Lorsqu'une femme âgée commence à parler de sexualité, elle est souvent complètement et totalement rejetée. C'est un grand problème. »

« J'ai rencontré des clients transsexuels qui se sentent mal à l'aise par rapport à leur sexualité. Ils se sentent également mal à l'aise si une autre personne ou un partenaire regarde leur corps. Et ils ne sont pas sûrs de se sentir à l'aise avec le corps de leur partenaire pendant une relation sexuelle. »

B6

PROBLÈMES DU VIH

Le VIH inquiète beaucoup de personnes. Vous sentez-vous concerné ?

LE VIH ET LE SIDA PRÉOCCUPENT TOUTES LES PERSONNES LGBTTBIQ QUI ONT DES PRATIQUES RISQUÉES EN MATIÈRE DE SEXUALITÉ OU DE CONSOMMATION DE DROGUES.

PERTINENCE OU INTENTION

Le VIH et le sida sont omniprésents dans la vie des gays et des bisexuels. Bien que plus répandus dans la communauté gaie, ils préoccupent toutes les personnes LGBTTBIQ ayant des pratiques risquées en matière de sexualité ou de consommation de drogues. La consommation de drogues et la dépression peuvent accroître le risque de contamination par le VIH, car comme la consommation de drogues peut réduire les peurs entourant le comportement sexuel, elle peut ainsi accroître la contamination par le VIH.

Les clients ont des inquiétudes au sujet de la prévention et du traitement du VIH, du dépistage du VIH et des pratiques sexuelles à risques réduits. Les thérapeutes et conseillers doivent évaluer le niveau d'inquiétude et de peur des clients concernant la maladie ainsi que l'incidence que cela a sur eux en tant que membres des communautés LGBTTBIQ.

PERCEPTIONS DE CLIENTS

« L'alcool chasse mes inquiétudes au sujet du VIH. Lorsque je me sentais vraiment abattu et déprimé et que je n'avais plus d'estime de moi-même, boire de l'alcool était un bon moyen d'oublier toutes les précautions. »

PERCEPTIONS DE THÉRAPEUTES OU DE CONSEILLERS

« Je réfléchis à tout ce que ressent un gay par rapport au VIH, en étant touché par le virus, avec ses partenaires et ses amis qui meurent, dans une communauté qui doit vivre constamment avec cette angoisse. »

Le VIH et le sida ont eu des effets majeurs sur les communautés LGBTTBIQ, surtout chez les hommes gays et bisexuels. La plupart des hommes gays ou bisexuels connaissent une personne qui est porteuse du VIH et ont perdu des partenaires ou des amis des suites du sida. Les thérapeutes et conseillers ne doivent pas oublier les immenses pertes que le VIH et le sida ont provoquées dans les communautés gaies et bisexuelles. Le VIH et le sida ont frappé durement les communautés transgenderistes et transsexuelles ; on a noté une augmentation du taux de transmission, en particulier chez les transfemmes. De nombreuses autres personnes LGBTTBIQ, dont les femmes lesbiennes et bisexuelles, s'impliquent activement dans le combat contre le VIH/sida, ou prennent soin d'amis atteints du VIH/sida ; elles peuvent donc aussi être touchées par la maladie.

QUESTIONS SUPPLÉMENTAIRES

Y a-t-il des moments où vous pensez beaucoup au VIH ou au sida ?

Vous inquiétez-vous de votre propre situation en ce qui concerne le VIH ?

Vous inquiétez-vous de la situation d'un être cher en ce qui concerne le VIH ?

L'épidémie de sida vous a-t-elle touché d'une manière ou d'une autre ?

PERCEPTIONS DE THÉRAPEUTES OU DE CONSEILLERS

« Les personnes qui ont une faible estime de soi ou qui sont dépressives se négligent et se mettent dans des situations risquées. Elles ne prennent pas la peine de protéger leurs relations sexuelles parce que tout leur est égal. »

« Il existe beaucoup de problèmes différents. L'un d'entre eux concerne la manière dont vous allez gérer votre vie sexuelle après avoir contracté le VIH. Comment allez-vous introduire l'usage des préservatifs dans vos relations ? »

B8

Consommez-vous de l'alcool ou de la drogue pour composer avec un problème que nous avons abordé ?

Vos problèmes de santé mentale sont-ils liés à une question que nous avons évoquée ?

☐ pas du tout   ☐ un peu   ☐ dans une certaine mesure   ☐ beaucoup

Si oui… en quoi ?

LIEN ENTRE LES PROBLÈMES ABORDÉS ET CEUX CONCERNANT LA TOXICOMANIE ET LA SANTÉ MENTALE

PERTINENCE OU INTENTION

Cette question évalue le lien entre les problèmes abordés et ceux qui concernent la toxicomanie et la santé mentale, afin de savoir si le client consomme de l'alcool ou des drogues afin de composer avec ses problèmes ou si ses problèmes ont un rapport avec ses soucis de santé mentale.

PERCEPTIONS DE CLIENTS

« Pour moi, il était normal d'augmenter ma consommation à cause du harcèlement que je subissais en raison de mon homosexualité. J'avais parfois besoin de chasser ces problèmes et de m'évader. »

« Je m'automutile. Je me taillade. Comme vous pouvez le voir, je suis couvert de cicatrices. Quand j'étais jeune, je n'ai pas pu affirmer mon identité. Donc j'étais prisonnier de mon secret. Et en me tailladant, j'essayais de m'exprimer et de faire comprendre ma souffrance aux gens. »

« J'avais 21 ans lorsque je suis entrée dans un établissement de santé mentale après une surdose de somnifères, à la suite de violences sexuelles. Pendant mon traitement, j'ai compris que j'avais également du mal à affirmer mon identité sexuelle. J'ai trouvé que le système de santé mentale m'avait aidée à ce sujet. J'ai découvert qu'il existait un effet domino. Les problèmes liés à l'affirmation de mon identité avaient une incidence sur tous les autres aspects de ma vie. »

Les preuves empiriques et anecdotiques laissent sous-entendre que des facteurs de vie spécifiques aux personnes LGBTTBIQ ont un lien avec les problèmes de toxicomanie ou de santé mentale. Ces facteurs comprennent :

· utiliser les bars comme principal lieu de socialisation ;
· se faire des amis dans les bars et se retrouver au sein d'un groupe de grands consommateurs d'alcool et de drogues ;
· affirmer son identité et s'affirmer en tant que personne LGBTTBIQ ;
· ne pas accepter son identité de LGBTTBIQ comme un aspect positif de soi ;
· porter le fardeau du secret de son identité sexuelle ;
· être considéré comme un malade par les médecins et les psychologues ;
· subir le racisme, le sexisme, le classisme, la discrimination fondée sur les capacités physiques, l'hétérosexisme ou le genderisme ;
· vouloir échapper aux normes sexuelles restrictives entourant l'infection par le VIH ;
· perdre son soutien familial ;
· manquer de soutien social ;
· ne pas avoir accès au logement, à l'emploi ou aux services de santé appropriés ;
· être porteur du VIH ;
· avoir vécu une enfance difficile à cause de son identité LGBTTBIQ ;
· avoir vécu un traumatisme ;
· avoir subi de la violence conjugale (p. ex., violence du partenaire de même sexe).

QUESTIONS SUPPLÉMENTAIRES

Le cas échéant, dans quelles circonstances ?

Lorsque vous avez dû faire face aux problèmes dont nous venons de parler (p. ex., affirmer votre identité à votre famille, sentiment d'isolement social), comment les avez-vous gérés ?

PERCEPTIONS DE THÉRAPEUTES OU DE CONSEILLERS

« J'interroge les clients sur le processus d'affirmation de leur identité et j'examine les liens possibles entre l'affirmation de l'identité et le début de la consommation d'alcool et de drogue ou son augmentation. »

« Je ne peux pas imaginer qu'une personne transsexuelle puisse vivre sa transition sexuelle et l'affirmation de son identité sans ressentir, par exemple, de la dépression, de l'angoisse et des crises de panique. Il s'agit de réactions saines face à une culture insensée qui vous dit : 'ton corps ne fonctionne pas. Il n'est pas bien.' »

B8

Compétences du conseiller

CE GUIDE OFFRE LES OCCASIONS ET LE CONTEXTE POUR STRUCTURER L'ENTREVUE D'ÉVALUATION.

Nous réalisons déjà une évaluation approfondie dans notre organisme. Pourquoi est-il nécessaire d'y ajouter celle-ci ?

Il ne faudra que quelques minutes au client pour répondre aux questions de la Partie A.

PERCEPTIONS DE CLIENTS

« Ma mère venait de mourir et j'ai commencé à fréquenter un groupe d'accompagnement au deuil. Je n'ai pas parlé de ma transsexualité aux autres membres du groupe parce que je ne voulais pas que cela influence leur opinion de moi, mon expérience dans ce groupe ou ma relation avec les animateurs. C'est alors que j'ai commencé à comprendre qu'il y avait un nombre incalculable de questions que je ne pouvais pas aborder en ce qui concerne mes sentiments sur le décès de ma mère. Je ne pouvais pas parler de la manière dont s'étaient déroulées les funérailles alors que je n'avais pas revu tous ces membres de ma famille depuis ma transition sexuelle. Je ne pouvais pas dire aux animateurs du groupe ce que j'avais ressenti en me demandant si ma mère pouvait m'accepter sans jamais savoir si elle l'avait finalement fait. »

« En étant ouvertement gay, je n'ai pas à mentir. Aucune cachotterie. Je n'ai pas à faire partie d'un groupe de personnes exclusivement hétérosexuelles et viriles. En étant sincère, je peux être moi-même. »

L'orientation et l'identité sexuelles sont des renseignements de base que les thérapeutes et conseillers doivent connaître sur leurs clients afin d'élaborer des programmes de traitement ou de counseling appropriés. Parfois, les thérapeutes et conseillers émettent des hypothèses erronées sur l'orientation ou l'identité sexuelles d'une personne. Par exemple, ils supposent qu'une personne transsexuelle est gaie ou qu'une femme bisexuelle est lesbienne.

Il se peut que les clients ne fournissent pas volontairement les renseignements sur leur orientation et identité sexuelles lors de l'évaluation ou des séances de counseling. Les clients bisexuels peuvent ne parler que de leurs relations avec les membres du sexe opposé. Les transgenderistes peuvent minimiser leurs problèmes d'identité sexuelle. Il se peut même que certains clients ne dévoilent pas ces renseignements à des membres LGBTTBIQ du personnel, supposant que ces derniers sont hétéros.

Lors de l'évaluation, certains clients LGBTTBIQ rechercheront des indices pour savoir s'ils peuvent parler ouvertement de leur orientation ou identité sexuelles dans le cadre de leur traitement ou counseling. Certains clients peuvent souhaiter dévoiler ce renseignement mais n'en auront pas forcément l'occasion. Ce guide offre la chance et le contexte pour structurer l'entrevue d'évaluation.

Les clients se sentiront-ils mal à l'aise si je les interroge sur leur orientation et identité sexuelles lors de l'évaluation ?

L'orientation et l'identité sexuelles peuvent être des sujets délicats pour certaines personnes. D'autres, cependant, peuvent rechercher de l'aide auprès de fournisseurs de services spécifiquement positifs envers les personnes LGBTTBIQ.

Certains clients, et plus particulièrement ceux qui ont vécu une expérience négative après avoir parlé ouvertement de leur orientation ou identité sexuelles, peuvent se sentir mal à l'aise à l'idée de répondre aux questions de la Partie A, lors de l'évaluation initiale. Cependant, ces questions permettront aux clients de savoir que le thérapeute, le conseiller ou l'organisme sont conscients des diverses identités LGBTTBIQ. Sachant cela, il leur sera peut-être plus facile de dévoiler leur orientation et identité sexuelles plus tard au cours du traitement ou du counseling.

Lorsque nous avons mis ce guide à l'essai sur le terrain, les participants ont indiqué qu'ils ne voyaient aucun inconvénient à parler de leur orientation et identité sexuelles lors de l'évaluation. Voici quelques exemples de réponses :

« Répondre à ces questions ne me pose aucun problème. »

« Cela ne m'a pas du tout gênée. Plus ils en savent sur moi, mieux ils peuvent me situer. »

« Je suis vraiment ouvert à ce sujet et je peux en parler sans problème, à tout moment. »

« C'est bien de parler ouvertement de ces questions. On peut ainsi discuter. L'orientation sexuelle et les problèmes de toxicomanie sont probablement liés. »

« Pas de problème pour moi. Ces questions ne m'ont pas dérangée. J'en suis à un point où je suis prête à en parler. »

« Cela m'a fait réfléchir à des choses auxquelles je n'aurais pas vraiment pensé. J'ai ainsi pris conscience de certaines choses. »

« C'est chouette, formidable d'avoir un endroit où vous pouvez aller sans devoir cacher votre orientation sexuelle. »

« Même si ce n'est pas mon principal sujet de préoccupation, cela ne m'a pas ennuyée. »

Les thérapeutes et conseillers qui ont mis à l'essai ce guide ont formulé les observations suivantes :

« J'ai utilisé ce guide et ma clientèle a très bien réagi. Je pense qu'il a permis d'ouvrir le dialogue. »

« Lors de l'évaluation, lorsque je suis passée à cette feuille, il y a eu un changement immédiat d'ambiance dans la pièce—on se sentait plus à l'aise. La situation était plus détendue, pour le client et pour moi. »

« Les clients étaient contents qu'on leur pose ces questions. Certains n'avaient jamais été interrogés à ce sujet et ils éprouvaient des difficultés par rapport à leur orientation sexuelle. Personne ne s'est senti offensé. »

PERCEPTIONS DE THÉRAPEUTES OU DE CONSEILLERS

« Si une personne ne se sent pas suffisamment en sécurité pour avouer honnêtement qui elle est, elle ne se sentira pas suffisamment en sécurité ni en confiance pour aborder toutes les autres questions lors du counseling. Si cette personne n'a pas cette confiance, elle perd son temps en venant vous consulter parce qu'elle ne va pas réellement exposer sa véritable situation. Vous ne pourrez donc pas instaurer un bon rapport et avoir une relation de travail efficace. »

« Avant d'aborder cette liste de questions, vous devez tenir un petit discours qui est censé 'normaliser' les choses (par exemple, 'nous sommes conscients qu'il existe de nombreuses orientations sexuelles différentes et l'orientation sexuelle peut être indéterminée. Compte tenu de cette réalité, nous devons vous poser les questions suivantes'). »

« Vous avez peut-être abordé les relations familiales, intimes et sociales avec le client mais celui-ci n'a pas fait état de son orientation ou identité sexuelles. Par la suite, s'il en parle, toutes ces questions doivent être réexaminées parce qu'il y a un élément qui n'a pas été pris en compte précédemment et qui influence tout le reste, comme les relations familiales ou intimes. Vous n'aviez pas tous les morceaux du casse-tête. »

« Je précise bien aux clients : 'Nous ne sommes pas ici pour changer ce que vous êtes ni pour vous corrompre. Nous ne sommes pas ici pour vous dire ce que vous êtes. Vous êtes les seuls à savoir qui vous êtes. Vous et vous seuls pouvez choisir ce que vous voulez devenir. C'est à vous de décider'. Lorsque d'autres personnes vous attribuent des étiquettes, ces étiquettes sont limitées et limitantes. Lorsque nous nous les attribuons nous-mêmes, elles renforcent notre autonomie. »

PERCEPTIONS DE THÉRAPEUTES OU DE CONSEILLERS

« La façon dont nous avons modifié notre accueil a influencé le nombre de clients qui s'identifient comme LGBTTBIQ. Au départ, quand nous avons commencé, nous nous sommes demandé quelle proportion de cas nous connaissions. C'était probablement 10 pour cent. À présent, depuis la mise en place de Poser les bonnes questions, nous avons enregistré une hausse de 100 pour cent. Nos statistiques indiquent désormais 20 pour cent de cas. La proportion réelle est probablement encore plus élevée. »

PERCEPTIONS DE CLIENTS

« Certains professionnels de la santé peuvent avoir d'énormes préjugés et ont une attitude vraiment dure. Par exemple, j'ai cessé de voir un thérapeute auquel j'avais dit que j'étais une transfemme, simplement parce qu'il essayait de mettre les mots dans ma bouche. Je lui ai dit 'je veux avoir des enfants et j'aurais adoré qu'ils soient de moi. Il s'est assis, m'a regardée et m'a dit : 'Donc, vous voulez être père, n'est-ce pas ?'. Ces propos m'ont immédiatement arrêtée. J'ai cessé de lui faire confiance. »

« Je crois que ce nouvel outil d'évaluation est vraiment nécessaire. Je suis ravie de l'avoir à ma disposition. Je suis certaine qu'il y a un grand nombre de clients qui ne se sont pas identifiés en tant que LGBTTBIQ lors de l'évaluation. Malheureusement, l'hypothèse selon laquelle tout le monde est hétéro reste prédominante. »

Quels sont les obstacles qui empêchent une discussion sur l'orientation et l'identité sexuelles ?

De nombreux facteurs empêchent de discuter de l'orientation et de l'identité sexuelles. Les thérapeutes et conseillers manquent souvent de formation ou estiment que :
· ce sont des questions indiscrètes ;
· le client sera contrarié ;
· l'orientation et l'identité sexuelles ne sont pas des éléments pertinents pour le traitement et le counseling.

Les membres du personnel et les autres clients, quelles que soient leur orientation et identité sexuelles, peuvent manquer de compréhension ou avoir des préjugés envers les personnes dont l'orientation ou identité sexuelles diffèrent des leurs.

Certains membres du personnel peuvent craindre que le client souhaite connaître l'orientation ou l'identité sexuelles du thérapeute ou du conseiller. Les membres du personnel LGBTTBIQ qui travaillent dans un milieu traditionnel ou majoritairement hétérosexuel peuvent redouter les conséquences professionnelles de cette révélation. Les thérapeutes et conseillers, quelles que soient leur orientation et identité sexuelles, peuvent être préoccupés par les répercussions de cette révélation sur le client ou sur la relation de counseling.

Les clients LGBTTBIQ peuvent éprouver un sentiment de malaise, de l'anxiété ou craindre des conséquences négatives. Ils peuvent redouter d'être mal compris par les thérapeutes et conseillers et par les autres clients. Les thérapeutes et conseillers doivent se rappeler que ces clients ont probablement vécu des expériences homophobiques, transphobiques ou biphobiques auprès des organismes de santé et de services sociaux.

Je ne fais que mener l'évaluation et je ne participerai pas au traitement ou au counseling. Dois-je interroger le client sur son orientation et son identité sexuelles ? Ne serait-ce pas simplement « ouvrir une boîte de Pandore » ou amener un grand nombre de problèmes non pertinents que je n'aurai pas le temps d'aborder plus en détail ?

L'orientation et l'identité sexuelles, ainsi que d'autres thèmes jugés délicats (dont la violence conjugale, la violence faite aux enfants, la toxicomanie au sein de la famille et le recours à des services de santé mentale), ont d'immenses répercussions sur les clients. Des renseignements de base sur ces thèmes sont nécessaires afin de mettre en place les programmes de traitement et de counseling adéquats.

Lors de l'évaluation, il n'est pas forcément nécessaire d'approfondir les questions liées à l'orientation et à l'identité sexuelles. Cependant, il est important de cerner ces problèmes et d'établir s'ils doivent être abordés lors du traitement ou du counseling. Les clients en conflit par rapport à leur orientation ou à leur identité sexuelles seront rassurés, sachant qu'ils peuvent discuter ouvertement de leurs préoccupations pendant le traitement ou le counseling. Lors de l'élaboration du programme de traitement ou de counseling, les critères que vous utilisez (p. ex., les critères d'admission et de sortie en Ontario) pourraient suggérer un type de services particulier, mais vous vous apercevrez peut-être qu'à l'échelon local ce service n'est pas adapté aux besoins des personnes LGBTTBIQ. Vous devrez donc éventuellement vous écarter de ce critère pour le programme de traitement ou de counseling et les orientations.

Les réponses fournies par le client à la Partie A aideront les thérapeutes ou conseillers à l'orienter le mieux possible.

Pourquoi discuter des problèmes cités dans la Partie B ?

Les questions de la Partie B vous aideront à :
· recueillir des renseignements qui permettront d'élaborer un programme de traitement ou de counseling approprié ;
· entretenir une relation efficace avec les clients en montrant que vous avez conscience de leurs problèmes.

PERCEPTIONS DE CLIENTS

« D'après ma propre expérience, le personnel clinique et infirmier avait nettement tendance à faire preuve d'une tolérance immense à l'égard des personnes qui m'insultaient. Je pense que cela relève d'une certaine ignorance. Je pense qu'il s'agit d'un manque d'information et de formation, mais je crois aussi qu'il s'agit d'un sujet vraiment délicat pour certaines personnes. Selon moi, beaucoup de gens n'aiment pas avoir de conflits à ce niveau. Non pas qu'ils cautionnent ce genre d'attitude. Ils estiment qu'il est difficile de parler de ce sujet avec quelqu'un. Dans un cadre clinique, une personne peut hésiter à soutenir une fille queer, par crainte de la manière dont elle-même sera perçue. »

PERCEPTIONS DE THÉRAPEUTES OU DE CONSEILLERS

« Quelques facteurs peuvent compliquer la tâche d'un client qui souhaite affirmer son identité. Leurs hypothèses sur ma personne, en tant que thérapeute, pourraient rendre leur démarche plus difficile. Je pense à leur interaction initiale avec moi, au vocabulaire que j'utilise. En fait, c'est assez délibérément que je demande 'Avez-vous des relations avec des hommes ou avec des femmes ?'. Ce n'est pas un hasard si je pose cette question. Parce que si j'interroge simplement mes clientes sur leurs relations avec les hommes, elles pourraient avoir plus de mal à affirmer leur identité. »

PERCEPTIONS DE THÉRAPEUTES OU DE CONSEILLERS

« Les professionnels ne doivent pas attendre d'avoir un client transgenderiste pour s'informer sur les besoins de ce type de clientèle. »

« Les employés chargés de l'accueil et de l'évaluation sont désormais plus à l'aise pour poser ce genre de questions. Elles leur viennent désormais tout naturellement, ce qui n'était pas le cas auparavant. »

« N'est-il pas utile de s'interroger également sur les répercussions du VIH sur les lesbiennes et bisexuelles ? Plus particulièrement si vous évaluez le niveau de haine de soi et de conflit. De nombreuses femmes qui s'identifient comme lesbiennes entretiennent des relations sexuelles avec des hommes. »

« Les clients se préoccupent avant tout du jugement que posera son thérapeute en leur avouant leur identité sexuelle. Tout comme l'absence de traitement approprié une fois qu'ils ont divulgué leur identité sexuelle. Ils craignent d'être pénalisés d'une manière quelconque par le biais du type de traitement qu'ils recevront. Malgré les progrès réalisés dans les droits des gays, il y a encore beaucoup de jugements, de haine, d'homophobie et de préjugés. »

Que puis-je faire si je me sens mal à l'aise à l'idée d'interroger une personne sur son orientation et son identité sexuelles ?

Les démarches suivantes peuvent vous aider à vous sentir plus à l'aise :
· vous instruire (voir la section Ressources) ;
· vous familiariser avec les ressources LGBTTBIQ dans votre localité ;
· vous entraîner à poser les questions de ce guide ;
· organiser un jeu de rôle avec vos collègues ;
· discuter avec des thérapeutes et conseillers ayant une expérience clinique dans ce domaine ;
· réfléchir à votre orientation et à votre identité sexuelles afin d'avoir mieux conscience de vos sentiments et préjugés qui pourraient favoriser ou entraver le dialogue sur ces sujets avec vos clients.
La décision de divulguer votre orientation ou votre identité sexuelles à vos clients (s'ils ne la connaissent pas encore) peut être abordée de la même manière que la décision de leur dévoiler d'autres renseignements personnels. Au-delà de votre disposition à en parler, cette démarche sera-t-elle utile pour votre client et pour la relation de counseling ou pourrait-elle avoir d'autres conséquences ? Les besoins du client doivent primer sur toutes les autres questions.

Que puis-je faire pour apaiser les inquiétudes des clients à l'idée de discuter de leur orientation et de leur identité sexuelles ?

Évaluez et conseillez les personnes en ce qui a trait à leur orientation et identité sexuelles. Soyez attentif au langage utilisé par le client pour parler de son identité et de sa vie, et reprenez son vocabulaire le cas échéant.

Lorsque vous vous adressez à des clients transgenderistes ou transsexuels, utilisez le pronom adéquat en vous fondant sur la manière dont ils définissent leur identité. En cas de doute sur le pronom à utiliser, il est judicieux de demander « Quel pronom préférez-vous utiliser ? » et de ne pas oublier de l'employer. Si votre langue fourche, excusez-vous auprès du client et continuez en utilisant son pronom préféré. Pour ces clients, le fait d'être considérés sous le genre qu'ils possèdent aura une influence immense sur la confiance qu'ils auront à votre égard.

Étoffez vos connaissances de base sur les personnes LGBTTBIQ mais évitez d'utiliser les clients comme source principale. Solliciter des renseignements supplémentaires pour mieux travailler avec un client est une démarche adéquate. Cependant, les clients ne sont pas là pour vous apprendre mais pour être aidés.

Prenez garde aux préjugés inconscients ou à votre tendance à porter des jugements. La plupart d'entre nous avons appris malgré nous à considérer que les personnes LGBTTBIQ ont une maladie.

La plupart d'entre nous avons également été élevés de manière à réfléchir en termes binaires. Prenez garde au modèle d'orientation ou d'identité sexuelles « soit l'un, soit l'autre »—évitez de structurer vos questions de manière à amener le client à « choisir ».

Essayez de trouver un juste équilibre entre les extrêmes suivants :
· supposer que le fait d'être LGBTTBIQ est la cause sous-jacente des problèmes de toxicomanie ou de santé mentale ;
· ignorer complètement l'orientation et l'identité sexuelles ;
· faire preuve d'une curiosité excessive à l'égard de l'identité sexuelle d'un client.

N'imposez pas vos valeurs pour dire à un client quand, où et comment il doit affirmer son identité. Il appartient à lui seul d'analyser tout ce que l'affirmation de son identité sous-entend.

Les conversations et les commentaires hostiles aux personnes LGBTTBIQ ne doivent pas être tolérés dans le milieu de traitement et du counseling ou dans les thérapies de groupe. Les thérapeutes et conseillers doivent au contraire faire face à ces commentaires et instaurer une culture de respect de la diversité.

Assurez aux clients que tous les renseignements qu'ils dévoileront resteront confidentiels.

N'étant pas LGBTTBIQ, comment puis-je faire comprendre à un client que j'ai une attitude positive envers les personnes LGBTTBIQ ?

· Utilisez ce guide et créez une atmosphère d'acceptation. Vous pouvez notamment disposer des affiches, des panneaux et des documents positifs envers les personnes LGBTTBIQ dans l'organisme ou le bureau. Offrez un soutien approprié aux clients qui explorent leur orientation ou leur identité sexuelles.
· Montrez au client que vous acceptez son orientation ou son identité sexuelles et parlez-lui des politiques antidiscriminatoires en vigueur dans votre organisme ou service.
· Adoptez une attitude neutre et surveillez votre langage corporel.

PERCEPTIONS DE CLIENTS

« Si une personne utilise le mauvais pronom en me parlant, je ne veux pas savoir *pourquoi* elle s'est trompée. Cela m'est déjà arrivé. On me dit 'Oh, je suis désolé… c'est à cause de tes sourcils, de tes épaules, de ta taille ou de tes hanches'. Ils vous diront les raisons pour lesquelles vous ne pouvez pas prétendre. Cela suffit. Je ne veux pas savoir pourquoi je ne peux pas 'prétendre' à leurs yeux ou pourquoi l'un de nous ne peut pas 'prétendre'. J'ai juste besoin d'entendre 'je m'excuse'. »

« Ils n'ont pas dit 'Nous allons être sensibles à l'identité et à l'orientation sexuelles ainsi qu'à la santé mentale'. S'ils avaient dit cela, j'aurais peut-être su que je pouvais espérer recevoir un soutien si d'autres s'en prenaient à moi. Mais comme ils ont simplement dit 'Ah oui, nous voulons offrir un soutien et nous voulons englober tout le monde', cela signifie-t-il vraiment que vous n'allez pas penser que je suis un monstre ? »

PERCEPTIONS DE CLIENTS

« Je crois que ce sont l'environnement et les attitudes des institutions envers ces problèmes qui comptent réellement. »

« Dans un certain sens, le fait de voir des autocollants arc-en-ciel ou des affiches positives envers les queers quelque part nous permet d'être plus à l'aise. »

« J'ai été heureux d'apprendre l'existence d'[un programme en faveur des personnes LGBTTBIQ]. J'étais ravi de découvrir un programme où je savais que je ne serais pas jugé. J'ai pu parler plus facilement et obtenir l'aide dont j'avais besoin. »

« Il devrait exister un endroit où l'on pourrait aborder les problèmes relatifs à notre sexualité et à notre santé mentale, car les deux sont liées. »

PERCEPTIONS DE THÉRAPEUTES OU DE CONSEILLERS

« De toute évidence, si on ne règle pas le problème de l'oppression intériorisée, cela peut mener au suicide, à un comportement antisocial ou à des troubles chroniques de l'humeur, comme la dépression ou la tristesse. Il n'y a pas de lumière, pas d'espoir, pas de connexion. »

« Lorsque les clients vivent une transition sexuelle, il peut être utile de savoir si leur consommation de drogue ou d'alcool a un lien avec l'énorme stress qu'ils subissent. »

Que faire pour rendre mon organisme ou mon cabinet plus accueillant pour les personnes LGBTTBIQ ?

POLITIQUES ET PROCÉDURES
Examinez vos politiques et procédures :
- Sont-elles suffisamment spécifiques et inclusives à l'égard des personnes LGBTTBIQ ?
- Précisent-elles la manière dont il faut traiter la discrimination émanant du personnel et de la clientèle ?
- Communiquent-elles aux membres du personnel le code de conduite qu'ils doivent observer ?

MODIFIEZ L'ESPACE PHYSIQUE
- Recueillez des brochures, magazines, affiches et journaux de différentes communautés et exposez-les dans la salle d'attente.
- Envisagez l'installation de toilettes unisexes.

CRÉEZ DES FORMULAIRES TENANT COMPTE DES PERSONNES LGBTTBIQ
- Les questions comme « Êtes-vous marié ? » ou celles qui limitent le sexe au masculin et au féminin doivent disparaître. Utilisez ce guide pour créer de nouveaux formulaires.

CRÉEZ DES GROUPES SPÉCIFIQUEMENT LGBTTBIQ
- Les groupes spécifiquement LGBTTBIQ aident les clients à se sentir plus à l'aise pour aborder les questions évoquées dans ce manuel.

FAITES FACE AUX DIFFÉRENCES ET AUX PRÉJUGÉS DANS LES GROUPES GÉNÉRIQUES
- Rendez les groupes plus sécurisants pour tous les groupes marginalisés, y compris les clients LGBTTBIQ, en étant « volontairement inclusifs ».
- Traitez les différences de manière très directe.
- Élaborez des lignes directrices et des normes établissant que les remarques discriminatoires ne seront pas tolérées dans le groupe.
- Traitez les remarques discriminatoires lorsqu'elles surviennent pendant les séances de groupe et sachez y faire face.

UN PERSONNEL POSITIF, BIEN FORMÉ ET OUVERT

· Envisagez de demander à des groupes LGBTTBIQ locaux de venir dans votre organisme pour former les membres de votre personnel (moyennant rétribution).
· Abonnez-vous à des journaux et à des listes de diffusion afin que les membres de votre personnel puissent être tenus au courant. Consultez la liste des références ci-jointe pour plus de renseignements.
· Recrutez et embauchez des personnes LGBTTBIQ dans votre organisme et encouragez tous les membres de votre personnel à être positifs envers les personnes LGBTTBIQ.
· Veillez à ce que les formulaires et les pratiques utilisés en ressources humaines ne soient ni genderistes, ni hétérosexistes.

SENSIBILISATION

· Élaborez un programme de sensibilisation.
· Indiquez dans vos prospectus que les personnes LGBTTBIQ sont les bienvenues et que vos services tiennent compte de leurs besoins.
· Prenez contact avec les groupes et les services LGBTTBIQ de votre région. Existe-t-il un journal local, une liste de diffusion, un tableau d'affichage communautaire, un bar ou un café-restaurant où vous pourriez laisser ces prospectus ou faire passer l'information ?
· Veillez à être représenté lors d'événements rassemblant la communauté LGBTTBIQ, comme la Journée de fierté des lesbiennes et des gays.

UNITÉS DES MALADES HOSPITALISÉS

· Soyez conscient de l'importance de la famille choisie pour les clients LGBTTBIQ. Il peut être important d'assouplir considérablement les directives sur les visites.
· Respectez l'importance des livres et des photos LGBTTBIQ. Permettez aux clients de rendre leur environnement plus familier et confortable.
· Traitez les différences de manière très directe.
· Traitez les remarques discriminatoires lorsqu'elles surviennent au sein du service et sachez y faire face.

REPRÉSENTATION DES PERSONNES LGBTTBIQ ET PROCESSUS DÉCISIONNEL

Veillez à ce que les membres de la communauté et du personnel LGBTTBIQ participent :
· à vos comités d'embauche ;
· à votre planification stratégique ;
· aux activités de votre conseil d'administration ou de vos comités consultatifs.

PERCEPTIONS DE THÉRAPEUTES OU DE CONSEILLERS

« Peut-on parler de sexe avec un patient psychiatrique ? Pas vraiment. C'est délicat. C'est gênant. Et ces patients ont-ils réellement le droit d'avoir une pulsion sexuelle lorsqu'ils sont enfermés dans un établissement psychiatrique ? Et qui veut le reconnaître ? C'est vraiment difficile. Cela complique encore les choses. Mais le fait est que ces personnes sont également victimes d'homophobie. C'est important. Est-il plus compliqué de travailler dans ce contexte ? Sans aucun doute. »

PERCEPTIONS DE CLIENTS

« On trouve également toute cette oppression intériorisée au sein même de la communauté des 'fous', où 'elle est plus folle que moi et donc, elle se situe en dessous de moi sur le mât totémique'. Ou 'moi, je suis seulement déprimée. Elle, elle est schizophrène'. Il y a tellement d'exemples de ce genre. 'Je suis juste schizophrène. Elle, elle est schizophrène et gaie.' Et vous descendez de plus en plus bas. 'Elle est schizophrène, gaie et noire.' Cette accumulation de marginalisations vous amène de plus en plus bas. »

PERCEPTIONS DE THÉRAPEUTES OU DE CONSEILLERS

« Il existe d'importants préjugés associés à l'affirmation de son identité au sein de la communauté noire. Donc, je reçois rarement des clients noirs qui s'identifient comme personnes LGBTTBIQ, bien que j'aie des clients noirs. Souvent, cela signifie qu'ils n'ont pas l'impression de pouvoir accéder à des programmes spécifiques à leur culture, plus particulièrement au sein des communautés LGBTTBIQ, parce qu'il se peut que quelqu'un connaisse leur famille ou un de leurs proches. »

« Un de mes clients revendique le statut de réfugié et il est gay. Lorsqu'une personne cumule ces multiples facteurs—l'aspect culturel, l'aspect religieux et l'orientation sexuelle—cela revêt un degré et une intensité différents en raison de ces facteurs d'isolement et de marginalisation. »

Quels sont les besoins, les préoccupations ou les expériences spécifiques aux personnes LGBTTBIQ de couleur ou autres personnes queers issues de communautés marginalisées ?

Les personnes qui sont doublement ou triplement marginalisées ont beaucoup plus de mal à affirmer leur identité et à obtenir du soutien.

Par exemple, une lesbienne sourde peut subir de la discrimination de la part de la communauté sourde en raison de son orientation sexuelle et de la part des communautés LGBTTBIQ en raison de son handicap. Il se peut qu'elle ne trouve le soutien dont elle a besoin ni auprès des services pour personnes LGBTTBIQ ni auprès des organismes pour personnes sourdes. Elle devra peut-être se tourner vers une communauté de personnes LGBTTBIQ sourdes. Ce type unique de soutien est disponible dans les grandes villes mais pas nécessairement ailleurs. Le réseau Internet peut constituer une ressource pour celles et ceux qui souhaitent rencontrer des personnes ayant une expérience semblable à la leur.

Les personnes LGBTTBIQ de couleur sont souvent confrontées à une double marginalisation similaire—il peut leur être difficile d'être « tout ce qu'elles sont » dans les diverses communautés LGBTTBIQ et raciales auxquelles elles appartiennent. Ces personnes sont victimes de racisme de la part d'une communauté queer majoritairement blanche. En affirmant leur identité, ces personnes risquent de perdre le soutien important qu'elles avaient trouvé auprès des communautés ethnospécifiques dont elles sont issues contre le racisme émanant de la société en général.

Lorsqu'ils travaillent avec des personnes LGBTTBIQ issues de communautés marginalisées (autres que LGBTTBIQ), les cliniciens doivent avoir conscience des difficultés supplémentaires et interroger les clients sur cette expérience.

Si possible, fournissez une liste de groupes et de services spécialement destinés aux personnes LGBTTBIQ de couleur, atteintes d'un handicap ou issues d'autres communautés marginalisées.

Les questions figurant dans le guide *Poser les bonnes questions 2* peuvent-elles être posées aux clients atteints de graves problèmes de santé mentale ?

L'orientation et l'identité sexuelles sont des renseignements de base que les thérapeutes et conseillers doivent connaître pour tous leurs clients. Souvent, les personnes atteintes d'une maladie mentale grave (p. ex., schizophrénie, psychose) doivent faire face à la non-reconnaissance de leur orientation et identité sexuelles. On suppose souvent à tort que ces personnes n'ont pas de sexualité.

Selon un mythe social très répandu, les personnes « deviennent » lesbiennes ou gays en raison d'une « mauvaise expérience » (comme être victimes d'abus sexuels). Les conseillers et thérapeutes travaillant avec des personnes ayant subi des abus sexuels dans leur enfance devront avoir conscience de ce mythe et aider les clients à le démasquer et à le déboulonner dans le cadre du traitement. Ainsi, il est utile pour un client d'entendre un clinicien lui dire « il n'existe aucune corrélation entre les abus dont vous avez été victime et votre orientation sexuelle ».

Nous recommandons aux cliniciens de juger, le cas échéant, du moment et de la façon propices d'utiliser le guide *Poser les bonnes questions 2* en situations d'urgence et de crise. Lors de situations de crise, le clinicien peut juger que certaines questions délicates au sujet de l'orientation et de l'identité sexuelles du client peuvent aider le clinicien comme le client à comprendre et à résoudre les causes de la crise. Par exemple, une personne LGBTTBIQ en processus d'affirmation de son identité ou en transition sexuelle peut se présenter aux urgences avec des idées suicidaires après avoir été rejetée par un membre de sa famille.

PERCEPTIONS DE CLIENTS

« J'ai fait une dépression nerveuse et j'ai dit à une fille dans la salle commune de l'hôpital que 's'ils te disent que je suis gay, il ne faut pas les croire'. Cela a déclenché une véritable tempête. J'ai fini par croire qu'ils essayaient de me tuer. C'était horrible. J'avais des idées délirantes et j'entendais des voix qui disaient qu'ils venaient me chercher ; c'était épouvantable. Tous ces évènements se passaient essentiellement dans ma tête en raison des symptômes que je présentais. Mais en raison de l'homophobie et des abus que j'avais subis, cette expérience était encore plus effrayante et inquiétante. »

« J'ai affirmé mon identité à mon psychiatre. Il m'a dit : 'Il n'y a rien de mal à être lesbienne. Mais il ne faut pas avoir de relations sexuelles avec des femmes'. J'ai été victime d'actes de violence commis par ma mère et il pensait que si j'avais des relations sexuelles avec une femme, ce serait l'élément déclencheur. Beaucoup, beaucoup de femmes hétéros sont victimes d'actes de violence commis par des hommes. Donc, le conseil à leur donner serait-il 'N'ayez pas de relations sexuelles avec un homme car ce sera l'élément déclencheur ?' »

Ressources :

Sites Internet

PERCEPTIONS DE THÉRAPEUTES OU DE CONSEILLERS

« L'un de mes plus gros problèmes consiste à essayer de trouver, dans la communauté gaie, des activités de loisirs auxquelles ne seraient associés ni drogue ni alcool… Donc, lorsque j'oriente des clients vers un club ou une activité, je me dis : 'Je sais qu'il s'agit d'un club où tu pourrais subir des tentations'. Alors, parfois, je les mets en garde contre ces endroits, mais je leur dis d'essayer au moins une fois plutôt que de rester isolés. »

« Certaines communautés religieuses sont tolérantes envers tous et vous pouvez continuer à pratiquer votre foi. Je crois qu'il est très important d'aider les clients à trouver un endroit sûr, par exemple une organisation de lesbiennes juives ou une organisation de personnes des Caraïbes qui sont pratiquantes et ouvertes ou n'importe quelle autre association. »

La diversité au sein des communautés LGBTTBIQ

Internet constitue une source d'information utile sur les personnes de couleur ou autres personnes queers issues de communautés marginalisées. Ci-dessous figurent des exemples de sites Internet représentatifs de la diversité des communautés (liste non exhaustive) :

www.trikone.org
(Lesbiennes, gays, bisexuels et transgenderistes originaires de l'Asie du Sud)

www.acas.org
(Asian Community Aids Service—Services à la communauté asiatique atteinte de sida)

www.the519.org/programs/groups/queer/hola.shtml
(Latinos gays)

www.geocities.com/orad_ca
(Ontario Rainbow Alliance of the Deaf—association pour les personnes lesbiennes, gays, bisexuelles, transsexuelles et transgenderistes atteintes de surdité)

www.legit.ca/french.html
(LEGIT—Immigration au Canada pour les couples de même sexe)

http://bi.org/db/dis.html
(Ressources Internet pour les personnes bisexuelles ayant un handicap)

www.2spirits.com
(Personnes bispirituelles des Premières nations)

www.pinktriangle.org
(Les services du Triangle Rose—Services communautaires à la communauté GLBT d'Ottawa)

www.salaamcanada.com
(Musulmans queers)

Renseignements généraux sur les communautés LGBTTBIQ

http://www.qrd.org/qrd/www/orgs/aja/lgbt.htm
(Ressources Internet pour les personnes LGBT)

www.thetaskforce.org
(National Gay and Lesbian Task Force—association américaine de défense des droits civils)

www.isna.org
(Intersex Society of North America—association américaine pour les personnes intersexuelles)

www.torontobinet.org
(réseau torontois pour bisexuels)

www.the519.org/programs/trans/ON_TS_ResourceGuide.htm
(Guide des ressources pour les transpersonnes en Ontario)

Renseignements relatifs à la toxicomanie ou à la santé mentale

www.lgtbcentrevancouver.com/pdf_s/theManual_vFinal.pdf
(ressource pour les secteurs de la santé et des services sociaux sur la santé des personnes LGTB)

www.vch.ca/ce/docs/03_02_LGBTSubstanceUse.pdf
(Rapport sur la consommation de drogues chez les communautés LGBT)

http://www.ccsa.ca/CCSA/FR/Topics/Populations/LGBTTTIQ.htm
(page du Centre canadien de lutte contre l'alcoolisme et les toxicomanies sur la population LGBTTBIQ)

www.nalgap.org
(National Association of Gay & Lesbian Addiction Professionals—association américaine spécialisée dans la prévention et le traitement de l'alcoolisme, de la consommation de drogues et autres toxicomanies chez les personnes lesbiennes et gays)

www.health.org
(US Department of Health & Human Services and SAMHSA's National Clearinghouse for Alcohol & Drug Information—site américain sur la prévention et le traitement de la toxicomanie et de l'alcoolisme)

www.trans-health.com/
(Online Magazine of Health and Fitness for Transsexual and Transgendered People—magazine en ligne sur la santé et le bien-être des personnes transsexuelles et transgenderistes)

http://hsl.mcmaster.ca/tomflem/gayprob.html
(ressources et information sur les soins de santé)

www.bbcm.org
(Bad Boy Club Montréal)

PERCEPTIONS DE THÉRAPEUTES OU DE CONSEILLERS

« L'identité est quelque chose de très important. Lorsque vous n'avez pas un sentiment d'identité, votre santé mentale en souffre. Je pense qu'il y a deux problèmes. Premièrement, en quoi le fait d'être queer, de prendre conscience d'être queer, d'affirmer son identité et son orientation sexuelles influence-t-il la santé mentale ? Deuxièmement, vous avez peut-être déjà affirmé votre identité puis développé des problèmes de santé mentale et, dans ce cas, le problème consiste à savoir comment accéder aux services adéquats. Je pense vraiment que le fait d'être queer est un facteur de risque, comme toute autre oppression. »

« D'après le *Manuel diagnostique et statistique des troubles mentaux*, le fait de posséder une identité transsexuelle signifie que vous souffrez d'un trouble de santé mentale. Donc, être transsexuel est un problème de santé mentale. Et le VIH, l'image corporelle, les relations amoureuses, la fréquentation des bars, tous les éléments repris dans *Poser les bonnes questions*, jouent un très grand rôle dans la manière dont les personnes transsexuelles se perçoivent et sont perçues par les autres, dans ce qu'elles ressentent par rapport à ce qu'elles sont et par rapport à la société. »

« Pour les hommes gays, l'image corporelle est très importante. Les troubles de l'alimentation sont à la hausse chez les jeunes hommes. Tout tourne autour de l'apparence. Ils subissent une pression pour être jeunes et séduisants. Un homme qui affirme son identité et qui n'est pas parfait doit faire face à un sentiment d'isolement et à des problèmes d'estime de soi. »

PERCEPTIONS DE THÉRAPEUTES OU DE CONSEILLERS

« [Le problème inclut] la victimisation ou la survie qui résulte du fait d'être constamment victime d'hétérosexisme et de vivre dans un environnement hétérosexiste, et les dommages qui sont causés à l'âme, à l'identité, à l'estime de soi, aux relations, à tout cela. »

« Les réseaux de soutien des gens sont souvent différents, et ce que l'on considère comme une structure familiale est différent tout comme le genre de liens existant avec la famille d'origine. Je pense qu'il arrive beaucoup plus souvent que les gens soient coupés de leur famille d'origine. Donc, ils ne disposent peut-être pas de ce soutien. »

« Je crois que, lorsque vous affirmez votre identité, il est important de fournir à votre famille un certain soutien ou d'autres ressources, qu'il s'agisse d'une personne à qui parler, d'un livre à lire ou d'une vidéo à regarder. »

www.womenfdn.org/resources/info/pdfs/lesbian.pdf
(document de la Women's Addiction Foundation portant sur la consommation de drogues et d'alcool chez les lesbiennes et bisexuelles)

www.sherbourne.on.ca/programs/programs.html
(page de ressources et de liens du Sherbourne Health Centre)

www.caps.ucsf.edu/TRANS/TRANScriticalneeds.pdf
(rapport sur les soins de santé critiques des transgenderistes de couleur)

Renseignements sur la discrimination

www.egale.ca
(EGALE Canada)

www.ncf.ca/gay/police-gay
(Ottawa Police Gay and Lesbian Liaison Committee)

www.srlp.org
(Sylvia Rivera Law Project)

www.hrusa.org
(Human Rights Resource Center, Université du Minnesota—centre de ressources sur les droits de la personne)

www.actwin.com/cahp/
(Citizens Against Homophobia—association américaine organisatrice de campagnes médiatiques de lutte contre l'homophobie)

Renseignements sur les problèmes familiaux

www.colage.org
(Children of Gays and Lesbians Everywhere)

www.uwo.ca/pridelib/family/home2.html
(Homoparentalité du Canada)

www.fsatoronto.com/programs/fsaprograms/davekelley/lgbtparenting.html
(LGBT Parenting Network—réseau des parents LGBT)

http://naples.cc.sunysb.edu/CAS/affirm.nsf
(Réseau de psychologues soucieux de soutenir les membres de leur famille gays, lesbiennes et bisexuel(le)s)

http://www.rainbowhealth.ca/french/indexfr.html
(Coalition santé arc-en-ciel Canada)

Ressources :

Bibliographie

BARBARA, A.M. « Issues in substance abuse treatment with lesbian, gay and bisexual people: A qualitative analysis of service providers », *Journal of Gay & Lesbian Social Services*, vol. 14 (2002), p. 1–17.

Center for Substance Abuse Prevention. *Substance abuse resource guide: Lesbian, gay, bisexual and transgendered populations*. Rockville, Maryland, CSAP, 2000.

Center for Substance Abuse Treatment. *A provider's introduction to substance abuse treatment for lesbian, gay, bisexual and transgendered individuals*. Rockville, Maryland, CSAT, 2001.

Coalition pour les droits des lesbiennes et personnes gays en Ontario/Projet Affirmation. *Systems failure: A report on the experiences of sexual minorities in Ontario's health-care and social-services system*. Toronto, Santé Canada, 1997.

CRISP, C. « The gay affirmative practice scale (GAP): A new measure for assessing cultural competence with gay and lesbian clients », *Social Work*, vol. 51, n° 2, (2006), p. 115-126.

DALLAS, D. *Current concepts in transgender identity*. New York, Garland Press, 1998.

DEBORD, K.A. et R.M. PEREZ. Group counselling theory and practice with lesbian, gay, and bisexual clients, dans *Handbook of counselling and psychotherapy with lesbian, gay, and bisexual clients*, sous la direction de R.M. Perez , de K.A. Debord et K.J. Bieschke, Washington, American Psychological Association, 2000, p. 183-206.

DOCTER, R.F. *Transvestites and transsexuals: Towards a theory of cross-gender behavior*. New York, Plenum Press, 1990.

DOCTOR, F. « The Rainbow Women's Group: Reflections on group work with lesbian, bi and transwomen who have drug and alcohol concerns », dans *Women and Substance Use: Current Canadian Perspectives*, sous la direction de N. Poole et L. Greaves, Toronto, Centre de toxicomanie et de santé mentale, sous presse.

DOCTOR, F. « Examining links between drug and alcohol use and experiences of homophobia/biphobia and coming out », dans *The Therapist's Notebook for Lesbian, Gay and Bisexual Clients*, sous la direction de J. Whitman et C. Boyd, New York, Haworth Clinical Practice Press, 2003, p. 262-267.

DOCTOR, F. « Working with lesbian, gay, bisexual, transsexual, transgender, two-spirit, intersex and queer (LGBTTTIQ) people who have substance use concerns », dans *Alcohol and Drug Problems: A Practical Guide for Counsellors* (3ᵉ éd.), sous la direction de S. Harrison et V. Carver, Toronto, Centre de toxicomanie et de santé mentale, 2004, p. 353-382.

ELIASON, M.J. *Who cares? Institutional barriers to health care for lesbian, gay, and bisexual people*. New York, National League for Nursing Press, 1996.

FEINBERG, L. « Trans health crisis: For us it's life or death », *American Journal of Public Health*, vol. 91, nᵒ 6 (2001), p. 897-900.

GARNETS, L.D. et D.C. KIMMEL (éd.). *Psychological perspectives of lesbians and gay male experiences*, New York, Columbia Press University, 1993.

Gay and Lesbian Medical Association. *Creating a safe clinical environment for lesbian, gay, bisexual, transgender and intersex (LGBTI) patients*, 2002 [en ligne]. Disponible sur www.glma.org.

Gay and Lesbian Medical Association. *MSM: Clinician guide to incorporating sexual risk assessment in routine visits*, 2002 [en ligne]. Disponible sur : www.glma.org.

GREENE, B. (éd.) *Women of color: Integrating ethnic and gender identities in psychotherapy*, Newbury Park, CA, Sage, 1994.

GREENE, B. (éd.) *Ethnic and cultural diversity among lesbians and gay men*, Newbury Park, CA, Sage, 1997.

GUSS, J.R. et J. DRESCHER (éd.). *Addictions in the gay and lesbian community*, Binghamton, NY, Haworth Press, 2000.

ISRAEL, G.E, et D.E. TARVER. *Transgender care: Recommended guidelines, practical information, and personal accounts.* Philadelphie, Pennsylvanie, Temple University Press, 1997.

JONES, B.E., et M.J. HILL. *Mental health issues in lesbian, gay, bisexual, and transgender communities.* Washington, D.C., American Psychiatric Publishing, 2002.

KESSLER, S. *Lessons from the intersexed.* Piscataway, New Jersey, Rutgers University Press, 1998.

KETTELHACK, G. *Vastly more than that.* Center City, Minnesota, Hazelden, 1999.

KOMINARS, S.B., et K.D. Kominars. *Accepting ourselves and others: A journal in recovery from addictive and compulsive behavior for gays, lesbians, bisexuals and their therapists.* Center City, Minnesota, Hazelden, 1996.

KUS, R.J. « Stages of coming out: An ethnographic approach », *Western Journal of Nursing Research*, vol. 7 (1985), p. 177-198.

KUS, R.J. *Addiction and recovery in gay and lesbian persons.* New York, Harrington Park Press, 1995.

LONGRES, J.F. (éd.). *Men of color: A context for service to homosexually active men*, New York, Park Press, 1996.

MacEWAN, I., et P. KINDER. *Making visible: Improving services for lesbians and gay men in alcohol and drug treatment health promotion.* Wellington, Nouvelle-Zélande, Alcoholic Liquor Advisory Council, 1991.

MOORE, L.C. *Does your mama know? An anthology of Black lesbian coming out stories.* Decatur, Géorgie, Red Bone Press, 1989.

OCHS, R. (éd.) *The Bisexual Resource Guide 2001* (4ᵉ éd.), Cambridge, MA, Bisexual Resource Centre, 2001

OGGINS, J. et J. EICHENBAUM. « Engaging transgender substance users in substance use treatment », *International Journal of Transgenderism*, vol. 6, nᵒ 2 (2002) [en ligne]. Disponible sur www.symposion.com/ijt/ijtvo06no02_03.htm, accédé le 26 septembre 2006.

PEREZ, R.M., K.A. DeBord, et J.K. BIESCHKE (éd.). *Handbook of counselling and psychotherapy with lesbian, gay, and bisexual clients*, Washington, DC, American Psychological Association, 2000.

RAJ, R. « Towards a transpositive therapeutic model: Developing clinical sensitivity and cultural competence in the effective support of transsexual and transgendered clients », *The International Journal of Transgenderism*, vol. 6 (2002) [en ligne]. Disponible sur http://www.symposion.com/ijt/ijtvo06no02_04.htm.

SCHNEIDER, M.S. (éd.). *Pride & prejudice: Working with lesbian, gay and bisexual youth*, Toronto, Central Toronto Youth Services, 1997.

SIMPSON, B. *Making substance use and other services more accessible to lesbian, gay and bisexual youth*. Toronto, Central Toronto Youth Services, 1994.

Trans Programming at the 519. TS/TG 101: *An introduction to transsexual and transgendered issues for service providers*. Toronto, The 519 Community Centre (non daté) [en ligne]. Disponible sur http://www.the519.org/.

Transgender Protocol: Treatment services guidelines for substance abuse treatment providers, sous la direction de la Transgender Protocol Team. San Francisco, Lesbian, Gay, Bisexual, Transgender Substance Abuse Task Force, 1995.

VAN DER MEIDE, W. *The intersection of sexual orientation and race: Considering the experiences of lesbian, gay, bisexual, transgendered ("LGBT") people of colour & two-spirited people*. Ottawa, ÉGALE Canada, 2001.

VAN WORMER, K., J. WELLS et M. BOES. *Social work with lesbians, gays and bisexuals*. Toronto, Allyn and Bacon, 2000.

WEINBERG, M., S. WILLIAMS et D. PRYOR. *Dual attraction: Understanding bisexuality*. New York, Oxford University Press, 1994.

WEINBERG, T.S. *Gay men, drinking, and alcoholism*. Carbondale, Illinois, Southern Illinois Press, 1994.

WEINSTEIN, D.L. *Lesbians and gay men: Chemical dependency treatment issues*. New York, Harrington Park Press, 1992.

WHITMAN, J.S., et C.J. BOYD. *The therapist's notebook for lesbian, gay, and bisexual clients: Homework, handouts, and activities for use in psychotherapy*. New York, Haworth Clinical Practice Press, 2003.

Ressources :

Glossaire

Les opinions et les attitudes envers l'orientation et l'identité sexuelles évoluent constamment dans la société en général et au sein des communautés LGBTTBIQ. Ces termes et ces définitions ne sont pas normalisés et peuvent être employés différemment, par différentes personnes, dans différentes régions.

LE DISCOURS ENTOURANT LES QUESTIONS RELATIVES AUX PERSONNES LGBTTBIQ ET LES DÉFINITIONS PRÉSENTÉES DANS CE GLOSSAIRE ÉVOLUERONT AU FIL DU TEMPS.

AFFIRMATION DE L'IDENTITÉ : processus par lequel les personnes LGBTTBIQ reconnaissent et dévoilent leur orientation ou leur identité sexuelles, ou par lequel les personnes transsexuelles ou transgenderistes reconnaissent et dévoilent leur identité sexuelle, envers elles-mêmes et envers les autres (voir également « transition sexuelle »). On estime que l'affirmation de son identité est un processus continu. Les personnes qui vivent dans le « secret » dissimulent le fait qu'elles sont LGBTTBIQ. Certaines personnes affirment ouvertement leur identité dans certaines situations (p. ex., avec d'autres amis gays) et ne le font pas dans d'autres (p. ex., au travail).

ASEXUÉ : se dit d'une personne qui n'est pas active d'un point de vue sexuel ou amoureux ou qui n'éprouve aucune attirance sexuelle ou amoureuse envers d'autres personnes.

ATTITUDE POSITIVE ENVERS LES GAYS : l'inverse de l'homophobie. Une attitude positive envers l'homosexualité est une attitude qui valide, affirme, accepte, apprécie, célèbre et intègre les personnes gaies et lesbiennes en tant qu'individus uniques et spéciaux à part entière.

AUTOSEXUEL(LE) : se dit d'une personne dont la principale implication sexuelle est avec elle-même ou avec une personne qui préfère la masturbation à une relation sexuelle avec un partenaire.

BIPHOBIE : crainte ou aversion irrationnelle envers les personnes bisexuelles, lesquelles peuvent être stigmatisées par les hétérosexuels, les lesbiennes et les gays.

BI-POSITIVITÉ : l'opposé de la biphobie. Une attitude bi-positive est une attitude qui valide, affirme, accepte, apprécie, célèbre et intègre les personnes bisexuelles en tant qu'individus uniques et spéciaux à part entière.

BISEXUEL(LE) : se dit d'une personne dont l'orientation sexuelle est dirigée tant vers les hommes que vers les femmes, mais pas forcément en même temps.

BISPIRITUEL(LE) : terme francophone créé pour traduire les mots culturels spécifiques utilisés par les Premières nations et autres peuples autochtones pour désigner les personnes qui, dans leur culture, sont gais ou lesbiennes, transgenderistes ou transsexuelles ou qui possèdent de multiples identités sexuelles. Ce terme traduit un effort de la part des Premières nations et autres communautés autochtones pour démarquer leur conception du sexe et de la sexualité de celle des communautés LGBTTBIQ occidentales.

COMPORTEMENT SEXUEL : ce que les individus font d'un point de vue sexuel. Le comportement sexuel n'est pas nécessairement conforme à l'orientation ou à l'identité sexuelles.

CONFORMISME SEXUEL : fait de se conformer aux règles sexuelles de la société, par exemple, pour une femme, le fait de s'habiller, d'agir, d'avoir des relations et de se voir d'un point de vue féminin, en tant que femme.

CRIME HAINEUX : infractions motivées par la haine éprouvée à l'égard des victimes en raison de leur race, de leur couleur, de leur religion, de leur pays d'origine, de leur appartenance ethnique, de leur sexe, de leur handicap (physique ou mental) ou de leur orientation sexuelle, qu'il s'agisse d'une réalité ou d'une perception.

FAMILLE CHOISIE : le cercle d'amis, de partenaires, de compagnons, de compagnes et peut-être d'ex-partenaires dont s'entourent de nombreuses personnes LGBTTBIQ. Ce groupe leur apporte un soutien, une validation et un sentiment d'appartenance qu'elles trouvent rarement au sein de leur famille d'origine.

FAMILLE D'ORIGINE : la famille biologique ou la famille qui était importante lors de la petite enfance d'une personne.

FEMME AYANT DES RELATIONS SEXUELLES AVEC DES FEMMES : désigne toute femme qui a des relations sexuelles avec une femme et qui peut s'identifier en tant que lesbienne, bisexuelle ou hétérosexuelle. Cette expression met en évidence la distinction entre le comportement sexuel et l'identité sexuelle (à savoir, l'orientation sexuelle). Ainsi, une femme qui s'identifie comme lesbienne peut avoir des relations sexuelles avec un homme et toutes les femmes ayant des relations sexuelles avec des femmes ne s'identifient pas en tant que lesbiennes ou bisexuelles.

GAY : se dit d'une personne dont la principale orientation sexuelle est dirigée vers les personnes du même sexe ou qui se définit comme un membre de la communauté gaie. Ce terme peut désigner un homme ou une femme, bien que de nombreuses femmes préfèrent le terme « lesbienne ».

GENDERISME : croyance selon laquelle la structure binaire des sexes, où il n'existe que deux sexes (masculin et féminin), est l'identité sexuelle la plus normale, la plus naturelle et la plus privilégiée. Cette structure binaire n'inclut pas et ne prend pas en compte la possibilité que des personnes soient intersexuelles, transgenderistes, transsexuelles ou genderqueers.

GENDERQUEER : ce terme très récent a été créé par des jeunes qui ont un sentiment indéterminé par rapport à leur identité et à leur orientation sexuelles, et qui ne veulent pas être limités par des concepts statiques ou absolus. Ils préfèrent donc avoir la possibilité de se repositionner dans le continuum des sexes et de l'orientation sexuelle.

GOUINE : mot traditionnellement utilisé pour désigner avec mépris les lesbiennes. Parmi les autres termes de ce genre, on trouve lesbiche ou hommasse. De nombreuses femmes ont revendiqué ces appellations et les utilisent avec fierté pour décrire leur identité.

HÉTÉRO : terme souvent utilisé pour désigner les personnes hétérosexuelles.

HÉTÉROSEXISME : hypothèse, exprimée ouvertement ou implicitement, selon laquelle toutes les personnes sont ou devraient être hétérosexuelles. L'hétérosexisme exclut les besoins, les préoccupations et les expériences de vie des personnes lesbiennes, gaies et bisexuelles tout en donnant des avantages aux personnes hétérosexuelles. Il s'agit souvent d'une forme subtile d'oppression qui conforte les personnes lesbiennes, gaies et bisexuelles dans leur volonté de garder le silence et de rester invisibles.

HÉTÉROSEXUEL(LE) : se dit d'une personne dont la principale orientation sexuelle est dirigée vers les membres du sexe opposé. Les personnes hétérosexuelles sont souvent désignées par le terme « hétéro ».

HOMME AYANT DES RELATIONS SEXUELLES AVEC DES HOMMES : désigne tout homme qui a des relations sexuelles avec un homme, qui peut s'identifier en tant que gay, bisexuel ou hétérosexuel. Cette expression met en évidence la distinction entre le comportement sexuel et l'identité sexuelle (à savoir, l'orientation sexuelle). Le comportement sexuel d'une personne peut se manifester à travers son identité sexuelle mais l'inverse n'est pas toujours vrai ; l'orientation sexuelle n'est pas toujours le reflet du comportement sexuel. Ainsi, un homme peut se dire hétérosexuel mais entretenir des relations sexuelles avec des hommes dans certaines situations (p. ex., en prison ou en tant que travailleur du sexe).

HOMOPHOBIE : crainte irrationnelle, haine, préjugés ou attitudes néga-tives envers l'homosexualité et les personnes gaies ou lesbiennes. L'homophobie peut prendre des formes ouvertes ou détournées, subtiles ou extrêmes. Elle englobe des comportements tels que les blagues, les insultes, l'exclusion, la violence physique, etc.

HOMOPHOBIE INTÉRIORISÉE : crainte et haine qu'une personne ressent envers sa propre orientation sexuelle et que l'on retrouve chez de nom-breuses personnes gaies et lesbiennes en raison de l'hétérosexisme et de l'homophobie. Lorsque les lesbiennes et les gays se rendent compte qu'ils appartiennent à un groupe de personnes souvent méprisées et rejetées par notre société, nombre d'entre eux intériorisent et adopte cette stig-matisation et commencent à avoir peur d'eux-mêmes ou à se détester.

HOMOSEXUEL(LE) : se dit d'une personne dont la principale orientation sexuelle est dirigée vers les membres de même sexe. La plupart des gens préfèrent ne pas utiliser ce terme, lui préférant notamment ceux de « gay » ou « lesbienne ».

IDENTITÉ : manière dont une personne se perçoit elle-même, par oppo-sition à la manière dont les autres la voient ou la perçoivent.

IDENTITÉ DE GENRE : fait pour une personne de se définir comme un être de sexe masculin ou féminin, transgenderiste ou transsexuel. L'identité sexuelle correspond directement le plus souvent au sexe anatomique de la personne, mais ce n'est pas toujours le cas. Les personnes transgen-deristes utilisent de nombreux termes pour décrire leur identité sexuelle, notamment : transsexuel préopératoire, transsexuel postopératoire, trans-sexuel non opéré, transgenderiste, transformiste, travesti, transgenre, bispirituel, intersexuel, hermaphrodite, « femâle », androgyne, drag king, drag queen, etc.

IDENTITÉ SEXUELLE : manière dont une personne définit elle-même (et face aux autres) son orientation sexuelle. L'identité sexuelle n'est pas nécessairement conforme à l'orientation sexuelle ou au comportement sexuel.

INTERSEXUEL(LE) : se dit d'une personne qui présente un mélange de caractéristiques génétiques ou de caractéristiques physiques sexuelles masculines et féminines. Anciennement appelée « hermaphrodite ». De nombreuses personnes intersexuelles estiment faire partie de la com-munauté transsexuelle.

LESBIENNE : femme dont la principale orientation sexuelle est dirigée vers les autres femmes ou qui s'identifie comme un membre de la com-munauté lesbienne.

LGBTTBIQ : acronyme fréquemment utilisé pour désigner les personnes ou communautés lesbiennes, gays, bisexuelles, transsexuelles, transgenderistes, bispirituelles, intersexuelles et queers. Cet acronyme peut être utilisé ou non dans une communauté particulière. Ainsi, dans certains endroits, l'acronyme LGBT (lesbienne, gay, bisexuelle et transgenderiste/transsexuel) peut être plus répandu.

MINORITÉS SEXUELLES : incluent les personnes qui s'identifient comme LGBTTBIQ.

ORIENTATION SEXUELLE : terme désignant l'attirance affective, physique, amoureuse, sexuelle et spirituelle, le désir ou l'affection envers une autre personne. Parmi les exemples figurent l'hétérosexualité, la bisexualité et l'homosexualité.

PARTENAIRE : désigne l'être cher, l'amour de sa vie, la personne aimée. Souvent l'équivalent du terme « époux » ou « épouse », ou conjoint et conjointe pour les personnes LGBTTBIQ.

PÉDÉ : mot traditionnellement utilisé pour désigner avec mépris les hommes homosexuels. Parmi les autres termes de ce genre, on trouve : tante, folle, tapette, pédale, tata et homo. De nombreux hommes ont revendiqué ces appellations et les utilisent avec fierté pour décrire leur identité.

POLYSEXUALITÉ : orientation qui ne limite pas l'affection, l'amour ou l'attirance physique à un seul sexe et qui reconnaît en outre l'existence de plus de deux sexes.

PRÉTENDRE ('PASSING') : capacité des personnes transgenderistes ou transsexuelles à être acceptées sous leur sexe (genre) préféré. Ce terme fait essentiellement référence à l'acceptation par des personnes que l'individu ne connaît pas ou qui ignorent qu'il est transgenderiste ou transsexuel. Généralement, prétendre sous-entend une combinaison d'indices sexuels physiques (par exemple, habillement, coiffure, voix), de comportements, d'attitude et de façons de se conduire dans ses interactions avec les autres. Prétendre peut également désigner le fait pour une personne de cacher son orientation sexuelle et de prétendre être « hétéro ».

PRIVILÈGE HÉTÉROSEXUEL : privilèges non reconnus et présumés dont bénéficient les personnes hétérosexuelles, notamment la possibilité de se tenir la main et de s'embrasser en public sans crainte de menaces, la normalité incontestable de leur orientation sexuelle, la possibilité d'élever des enfants sans craindre l'intervention de l'État ou la discrimination que subiront les enfants en raison de l'hétérosexualité des parents.

QUEER : traditionnellement, terme méprisant et offensant qui désigne les personnes LGBTTBIQ. De nombreuses personnes LGBTTBIQ ont revendiqué ce terme et l'utilisent pour désigner avec fierté leur identité. Certaines personnes transsexuelles ou transgenderistes se définissent comme queers ; ce n'est pas le cas de toutes.

QUESTIONNEMENT : personnes qui s'interrogent sur leur identité et leur orientation sexuelles et qui choisissent souvent d'explorer les différentes possibilités.

RÔLE SEXUEL : expression publique de l'identité sexuelle. Le rôle sexuel englobe tout ce que font les êtres humains pour montrer au reste du monde qu'ils sont des hommes, des femmes, des androgynes ou des ambisexués. Ceci inclut les signaux sexuels, l'habillement, la coiffure et la démarche. Dans la société, les rôles assignés à chacun des sexes sont généralement considérés comme masculins pour les hommes et féminins pour les femmes.

SORTI DU « PLACARD » : traduit différents degrés de franchise d'une personne en ce qui concerne son orientation ou son identité sexuelles.

TRANS ou **TRANSPERSONNE** sont les termes couramment utilisés pour parler des transsexuels, transgenderistes, et personnes d'autres identités sexuelles.

TRANSFORMISTE : personne qui s'habille avec les vêtements des personnes du sexe opposé pour se divertir, pour des raisons artistiques ou pour sa satisfaction érotique. Autrefois appelée « travesti(e) ». Il peut s'agir d'hommes ou de femmes hétérosexuels, gays, lesbiennes ou bisexuels. Les hommes gays ou bisexuels travestis peuvent s'appeler « drag queens » ou « hommes habillés en femmes » ; les femmes lesbiennes ou bisexuelles travesties peuvent s'appeler « drag kings » ou « femmes habillées en hommes ».

TRANSGENDERISTE : se dit d'une personne qui se situe entre la transsexualité et le transgendérisme dans le continuum des sexes et qui prend souvent des hormones sexuelles sans pour autant vouloir subir d'intervention chirurgicale. Les transgenderistes peuvent être hommes ou femmes de naissance. L'individu masculin se fait parfois placer des implants mammaires ou suit un traitement à l'électrolyse.

TRANSGENRE : personne dont l'identité sexuelle est différente de son sexe biologique, indépendamment de l'état des processus de transition sexuelle chirurgicaux et hormonaux. Souvent utilisé comme terme générique pour désigner les personnes transsexuelles, transgenderistes, travesties (transformistes), bispirituelles et intersexuelles.

TRANSITION : processus (qui pour certaines personnes peut également être désigné par « processus de transition ou de réaffectation de genre ») par lequel des personnes transsexuelles modifient leur apparence et leur corps afin de les faire correspondre à leur identité intérieure (sexe) tout en menant à plein temps une existence conforme au rôle sexuel qui a leur préférence.

TRANSITION SEXUELLE (DE GENRE) : période au cours de laquelle une personne transsexuelle commence à modifier son apparence et son corps afin de les faire correspondre à son identité intérieure.

TRANSPHOBIE : crainte ou aversion irrationnelle envers les personnes transsexuelles et transgenderistes.

TRANSPOSITIVITÉ : l'inverse de la transphobie. Attitude qui valide, affirme, accepte, apprécie, célèbre et intègre les personnes transsexuelles et transgenderistes en tant qu'individus uniques et spéciaux à part entière.

TRANSSENSUEL(LE) : se dit d'une personne qui est principalement attirée par des personnes transsexuelles ou transgenderistes.

TRANSSEXUEL(LE) : se dit d'une personne qui a depuis longtemps l'intime conviction d'appartenir au sexe opposé à celui qu'elle avait à la naissance et qui tente généralement une transformation médicale et juridique pour prendre le sexe opposé. On distingue les transhommes (transsexuels féminins) et les transfemmes (transsexuels masculins). Les personnes transsexuelles peuvent subir un certain nombre d'interventions afin de mettre leur identité physique et publique en conformité avec leur image de soi, y compris un traitement à base d'hormones sexuelles, des traitements par électrolyse, une chirurgie pour changement de sexe et une modification juridique de leur nom et de leur sexe.

TRAVESTI : voir « Transformiste ».

Références

CASS, V.C. « Homosexual identity formation: A theoretical model », *Journal of Homosexuality*, vol. 4 (1979), p. 219-235.

DEVOR, H. *FTM: Female-to-male transsexuals in society.* Bloomington, Indiana, Indiana University Press, 1997.

HARMER, J. *Older gay, bisexual, transgender, transsexual persons: Community services challenges and opportunities for the 519 Community Centre and the GLBT community, A review.* Toronto, The 519 Community Centre, 2000 [en ligne]. Disponible sur www.the519.org/programs/older/index.shtml

MEYER, I.H. Prejudice, social stress, and mental health in lesbian, gay, and bisexual populations: Conceptual issues and research evidence. *Psychological Bulletin*, vol. 129 (2003), p. 674–697.

Annexe : élaboration du Guide et du Manuel

Le contenu de ce manuel a été élaboré en deux phases :

Phase 1 : *Poser les bonnes questions*—Toxicomanie

Nous avons mené des groupes de discussion et des entretiens individuels directs et téléphoniques auprès de 26 cliniciens et cliniciennes de l'Ontario (Toronto, Ottawa et London) ayant une expérience clinique du travail avec les personnes LGBTTBIQ aux prises avec des problèmes de toxicomanie ou d'alcoolisme. Nous avons recueilli les données relatives au contenu et au processus d'évaluation et aux problèmes spécifiques à cette clientèle.

Nous avons également mené des groupes de discussion et des entretiens individuels auprès de 38 clients anciens et actuels du Service LesBiGay (devenu maintenant les Services arc-en-ciel) au Centre de toxicomanie et de santé mentale (CAMH). La plupart des clients s'identifiaient comme gays ou lesbiennes et un petit pourcentage se présentait comme bisexuels. Comme il y avait très peu de clients transgenderistes ou transsexuels qui faisaient appel au service LesBiGay à l'époque, ils n'ont pas été inclus dans cette phase de l'étude. Les données que nous avons recueillies reprenaient des renseignements sur le contenu et le processus d'évaluation, la divulgation de l'orientation sexuelle dans les services de toxicomanie et les questions spécifiques aux clients LGBTTBIQ ayant des problèmes de toxicomanie ou d'alcoolisme.

Nous avons ensuite utilisé les résultats de ces groupes de discussion et de ces entretiens pour élaborer un modèle de ce guide. Ce modèle a été mis à l'essai sur le terrain par des cliniciens des services d'évaluation et LesBiGay de CAMH et a été examiné par des cliniciens externes.

Enfin, nous avons réalisé une enquête de satisfaction auprès de la clientèle ayant bénéficié de ce nouveau modèle.

De plus, comme nous ne pouvions pas atteindre les clients de divers groupes de population, nous avons recherché des renseignements auprès de sources secondaires et de personnes appartenant aux divers groupes de communautés pour obtenir des commentaires supplémentaires.

Phase 2 : *Poser les bonnes questions 2*—Santé mentale, counseling et toxicomanie

Lors de cette phase, nous avons mené des groupes de discussion et des entretiens individuels directs et téléphoniques auprès de 29 fournisseurs de services de l'Ontario (Toronto, Ottawa, London, Sudbury, Sault Ste. Marie) et de Colombie-Britannique (Vancouver, Fort Nelson) ayant une expérience clinique auprès des personnes LGBTTBIQ aux prises avec des problèmes de santé mentale. Nous avons collecté des données relatives aux problèmes spécifiques à cette clientèle. Les fournisseurs de services ont également été invités à désigner toutes les failles du manuel d'origine Poser les bonnes questions, particulièrement en ce qui concerne la santé mentale.

Nous avons mené des groupes de discussion et des entretiens individuels auprès de 31 personnes ayant utilisé des services de santé mentale en Ontario. Quatorze (14) participants se sont présentés comme gays, 9 comme lesbiennes ou gouines, 4 comme bisexuel(le)s, 3 comme queers, 1 comme bispirituel(le), 1 comme homme ayant des relations sexuelles avec des hommes ou femme ayant des relations sexuelles avec des femmes. Six participants se sont définis comme transsexuels ou transgenderistes. Les problèmes de santé mentale les plus fréquents étaient la dépression et l'anxiété. On trouvait également les troubles bipolaires, les traumatismes, les tendances suicidaires, les troubles schizo-affectifs, les troubles de la personnalité limite, le syndrome d'Asperger, l'automutilation, les troubles affectifs saisonniers et les troubles obsessionnels-compulsifs. Nous avons recueilli des données sur la divulgation de l'orientation et de l'identité sexuelles dans les services de santé mentale et les questions spécifiques aux personnes LGBTTBIQ ayant des problèmes de santé mentale.

Les résultats de ces groupes de discussion et de ces entretiens ont été analysés et utilisés pour mettre la main finale à ce manuel.

Enfin, nous avons demandé aux fournisseurs de services travaillant dans la collectivité (dans d'autres organismes ou au sein de cabinets privés) d'examiner ce manuel révisé et de formuler d'autres commentaires.